产品市场竞争对股票收益的影响研究

许良超 ◎ 著

中国纺织出版社有限公司

图书在版编目（CIP）数据

产品市场竞争对股票收益的影响研究 / 许良超著. -- 北京：中国纺织出版社有限公司，2024.1
ISBN 978-7-5229-1483-1

Ⅰ. ①产… Ⅱ. ①许… Ⅲ. ①产品－市场竞争－影响－股票投资－投资收益－研究 Ⅳ. ①F713.5②F830.91

中国国家版本馆CIP数据核字(2024)第050535号

责任编辑：张　宏　　责任校对：王蕙莹　　责任印制：储志伟

中国纺织出版社有限公司出版发行
地　　址：北京市朝阳区百子湾东里 A407 号楼　邮政编码：100124
销售电话：010—67004422　传真：010—87155801
　http://www.c-textilep.com
中国纺织出版社天猫旗舰店
官方微博 http://weibo.com/2119887771
河北延风印务有限公司印刷　各地新华书店经销
2024 年 1 月第 1 版第 1 次印刷
开本：787mm×1092mm　1/16　印张：11.25
字数：209 千字　　　　定价：98.00元

凡购本书，如有缺页、倒页、脱页，由本社图书营销中心调换

前　言

在全球化和数字化时代，市场竞争愈加激烈，企业不断寻求突破和创新，以在激烈的市场环境中生存和繁荣。股票投资者、企业管理者和政策制定者都对产品市场竞争与股票收益之间的关系产生了浓厚兴趣。了解这一关系对于投资决策、战略规划和政策制定至关重要。

本书旨在深入探讨产品市场竞争对行业股票的影响，以及相关的公司战略、市场地位和股票投资组合构建。为了更好地理解这一复杂的关系，我们将通过文献综述，借助多个理论框架，同时运用多种研究方法，以全面的视角审视这一问题。

第一章为导论，将介绍研究背景与动机、目的与问题、方法与范围。通过对这些方面的阐述，我们将明确研究的目标和方法，为后续章节的深入讨论奠定基础。第二章将探讨产品市场竞争和股票市场投资的理论基础。我们将回顾产品市场竞争的基本概念，并探讨股票市场与投资理论的关系，为后续章节的分析提供理论支持。第三章将回顾相关研究，特别关注产品市场竞争与股票收益之间的关系。通过对现有文献的综述，我们将了解先前研究中的主要发现和不足之处。第四章将关注公司战略应对和股票市场表现之间的关系。我们将研究公司竞争策略与产品市场地位的联系，以及公司治理对市场的影响。第五章将研究市场地位与市值效应之间的关系。我们将探讨如何度量市场地位，以及市值效应如何受到竞争策略和风险的影响。第六章将探讨产品创新、营销策略和市场反应之间的关系。我们将研究产品创新如何创造竞争优势，以及营销策略如何影响市场表现和品牌价值。第七章将聚焦股票投资组合和风险分散策略。我们将探讨如何构建股票投资组合，以及如何通过风险分散来降低投资风险，同时研究投资组合表现与产品市场竞争的联系。第八章将总结本研究的主要发现，并提出针对投资者、企业管理者和政策制定者的建议。我们希望通过这一研究，为各方提供有价值的见解，帮助他们更好地理解和应对产品市场竞争对股票收益的影响，从而取得可持续的成功和繁荣。

许良超

2023 年 9 月

目 录

第一章 导论 ... 1
第一节 研究背景与动机 ... 1
第二节 研究目的与问题 ... 5
第三节 研究方法与范围 ... 9

第二章 理论框架与文献综述 ... 14
第一节 产品市场竞争的理论基础 ... 14
第二节 股票市场与投资理论 ... 23
第三节 产品市场竞争与股票收益的相关研究回顾 ... 31

第三章 产品市场竞争对行业股票的影响 ... 37
第一节 行业竞争度的衡量方法 ... 37
第二节 产品市场竞争与行业股票收益的关系 ... 46
第三节 行业特征对关联性的影响 ... 52

第四章 公司战略应对与股票市场表现 ... 62
第一节 公司竞争策略与产品市场地位 ... 62
第二节 公司治理与市场反应 ... 69
第三节 公司战略变化与股票波动 ... 76

第五章 市场地位与市值效应 ... 83
第一节 市场地位的度量 ... 83
第二节 市值效应与竞争策略 ... 87
第三节 市值效应与风险 ... 97

第六章 产品创新、营销与市场反应 ... 104
第一节 产品创新与竞争优势 ... 104
第二节 营销策略与市场表现 ... 115

  第三节 市场反应与品牌价值 124

第七章 股票投资组合与风险分散 134

  第一节 股票投资组合构建 134

  第二节 风险分散策略 141

  第三节 投资组合表现与产品市场竞争的关联 149

第八章 结论与政策建议 160

  第一节 研究结论总结 160

  第二节 对投资者的建议 160

  第三节 对企业管理者和政策制定者的建议 162

参考文献 172

第一章 导论

第一节 研究背景与动机

一、行业竞争的演变

行业竞争一直是商业界的核心议题之一。随着时间的推移,行业竞争经历了深刻的演变。在过去,行业竞争可能主要集中在价格竞争和产品功能竞争上。然而,随着全球化、技术进步和市场开放,行业竞争的本质已经发生了显著变化。

(一)传统行业竞争

传统行业竞争是商业领域的基础,它在历史上扮演着关键的角色。回顾历史,我们可以清晰地看到传统行业竞争的特点和模式。在这个小节中,我们将深入研究传统行业竞争的演变和其对企业及市场的影响。

首先,在传统行业竞争的早期,企业主要关注价格竞争和产品质量。这种竞争模式强调在价格和质量方面的优势,以吸引消费者和占领市场份额。企业通常在产品特性上进行微小的改进,以满足消费者的基本需求。

其次,此时期的竞争通常局限在国内市场。企业主要关注本国市场份额的争夺,而国际市场往往被视为是次要的。市场的局部性限制了竞争的范围,使企业更容易掌握和控制局部市场。

最后,在传统行业竞争的初期,市场结构相对稳定。大型企业通常垄断市场,新进入者很难获得市场份额。这导致了市场份额的长期稳定性,企业的竞争策略主要集中在维护和扩大市场份额上。

(二)技术创新的崛起

随着科技的迅速发展,传统行业竞争开始经历根本性的改变。技术创新成为企业竞争的关键因素。企业不再仅仅关注价格和产品质量,而是着眼于研发新技术、产品和服务。这一时期的竞争更加复杂,涉及更多的科学和工程知识。

首先,新技术的涌现对各行各业产生了深远的影响。例如,互联网的兴起彻底改变了传媒和零售行业的竞争格局。企业不再局限于传统的商业模式,而是通过互联网提供新的产品和服务,这促使了新兴企业的崛起。

其次,技术创新的竞争变得激烈,企业需要不断投入研发资源以保持竞争优势。这导致了研发支出的大幅增加,并且缩短了技术的迭代周期。企业需要不断适应技术变革,否则将面临被淘汰的风险。

二、研究动机和价值

(一)研究行业竞争演变的理论和实际意义

首先,研究行业竞争的演变不仅有助于我们更好地理解过去和现在,还可以帮助我们预测未来市场的发展趋势。通过分析不同时期的竞争模式,我们可以揭示出市场经济的演变规律。这对于经济学家、政策制定者和企业战略决策者都具有极大的理论和实际意义。

其次,企业必须不断适应市场环境的变化,以保持竞争力。了解竞争的本质,尤其是其演变过程,可以为企业制定前瞻性的战略提供重要指导。企业可以根据过去的经验和趋势来调整其市场定位、产品开发和市场营销策略,以更好地适应未来的市场挑战。

(二)预测未来竞争趋势

首先,基于历史数据的趋势预测,通过分析过去的行业竞争演变,我们可以识别出一些潜在的趋势和模式。例如,如果我们发现某一行业在过去几十年中一直受到技术创新的推动,那么我们可以合理地预测未来这一行业将继续面临技术竞争的压力。这种趋势预测有助于企业和投资者更好地规划长期战略。

其次,预测新兴领域的机会。技术创新和行业竞争的演变通常会催生新的市场和领域。通过研究历史,我们可以尝试识别出未来可能出现的新兴领域。这对于投资者是宝贵的信息,他们可以在新兴市场中找到增长机会。

(三)研究动机的学术价值

首先,研究行业竞争的演变对于经济学领域具有深远的学术价值。竞争是市场经济中的核心概念之一,而行业竞争的演变是竞争理论的重要组成部分。通过深入研究不同时期的行业竞争模式,我们可以更好地理解竞争的本质,揭示市场中的竞争机制。这对于经济学家来说是一个宝贵的研究课题,有助于推动竞争理论的发展。

其次，研究行业竞争的演变也为管理学领域相关研究者提供了丰富的研究机会。企业管理者需要了解竞争的本质以制定战略和决策，因此，深入了解行业竞争的演变对他们来说至关重要。通过研究不同行业的竞争演变，管理学研究可以让我们更好地理解企业战略的制定和执行，以及领导力和组织管理在不同竞争环境下的作用。

再次，市场学领域也受益于研究行业竞争的演变。市场学关注市场行为、消费者决策和市场营销策略，而这些方面受行业竞争的影响很大。通过分析不同竞争模式下消费者的购买行为和市场的变化，市场学可以提供有关市场反应和市场定位的重要见解。这有助于市场学者更好地理解市场动态并改进市场营销策略。

最后，研究行业竞争的演变对于交叉学科研究也具有潜在价值。例如，行业竞争的演变可能涉及技术的进步，这将引入科学和工程领域的因素。因此，跨学科研究可以探讨不同领域之间的相互关系，为更全面的理解提供框架。

三、研究范围和重要性

（一）行业竞争的性质多种多样

1. 行业的分类和特征

首先，我们要了解不同行业的分类方式。第一，行业可以根据其生产的产品或提供的服务进行分类。例如，制造业、金融服务、医疗保健等都是不同类型的行业。第二，行业可以根据技术密集程度进行分类。高技术密集型行业如半导体制造和生物技术通常依赖于创新和知识产权；低技术密集型行业如农业和采矿则更侧重于资源开采和生产效率。第三，行业可以根据市场属性进行分类，例如，B2B（企业对企业）行业和B2C（企业对消费者）行业之间存在差异，市场规模和消费者行为也会影响竞争性质。第四，行业在全球范围内的扩展程度不同。某些行业如电子商务和跨国制药公司在全球范围内开展业务，而其他行业如建筑业可能更加局域化。

其次，我们要了解不同行业的特征。第一，高技术密集型行业通常需要大量的研发投入，以保持竞争力，而低技术密集型行业可能更注重生产效率和成本控制。第二，一些行业可能有大量的竞争者，竞争激烈，而另一些行业可能只有少数几家主要竞争者。第三，供需关系的不同也会影响行业竞争。供需平衡较好的行业可能更加稳定，而供过于求或需求不足的行业可能波动更加明显。第四，不同行业受到不同的法规和政策约束。一些行业可能需要遵守严格的法规，如金融服务领域，而另一些行业的法规相对较松，如娱乐业。

再次，我们要了解行业竞争性的影响。行业的分类和特征直接塑造了其竞争性质。

高技术密集型行业通常更强调创新和知识产权的保护,而低技术密集型行业更注重成本控制和资源管理。不同市场属性导致不同的消费者行为,影响了市场竞争的规则。全球化程度的不同则决定了企业的市场范围和竞争对手。

最后,我们要了解重要性和研究价值。深入了解不同行业的分类和特征,以及它们如何影响竞争性质,对于理解行业竞争的演变至关重要。这有助于投资者更好地评估不同行业的投资潜力和风险,也为企业管理者提供了战略制定的基础。同时,这也为学术界提供了丰富的研究机会,以探索不同行业的竞争动态和策略选择。综合而言,行业的分类和特征是研究行业竞争演变的重要起点,具有深远的学术和实际价值。

2. 行业的全球化程度

全球化趋势使企业不再局限于国内市场,跨国公司在全球范围内开展竞争。不同行业的全球化程度各不相同,一些行业更容易跨足国际市场,而另一些行业可能仍然以国内市场为主。因此,行业的全球化程度也将影响行业的竞争模式和企业的竞争策略。

首先,一些行业具有高度全球化的特点。这些行业的产品或服务通常可以跨足国际市场,并在全球范围内受到竞争。例如,信息技术、金融服务和生物医药行业通常被认为是高度全球化的行业。在这些行业中,跨国公司在全球范围内建立了广泛的业务网络,他们的产品和服务可以轻松进入各个国际市场。

其次,一些行业具有中度全球化的特点。这些行业的全球化程度介于高度全球化和低度全球化之间。例如,制造业行业通常具有中度全球化的特点。虽然制造业公司可能在全球范围内采购原材料和组装产品,但其市场可能更为局部化,受到地区性需求和政策的影响。

最后,还有一些行业具有低度全球化的特点。这些行业的产品或服务在全球范围内市场较小,竞争相对有限。例如,零售业和建筑业通常具有较低的全球化程度,因为它们的市场更受地理位置和文化差异的影响。

(二)投资者和企业的决策

1. 投资者的决策

首先,投资者需要对不同行业竞争的演变进行深入研究,以更好地评估其投资组合的风险和回报。不同行业的竞争性直接影响该行业的投资吸引力。例如,在竞争激烈的行业中,价格战可能导致利润率下降,从而降低投资回报。投资者需要权衡不同行业的风险和潜在回报,以优化其投资组合。

其次,投资者可能会根据行业竞争的演变选择是否分散投资。在竞争激烈的行业中,因风险较高,投资者可能会选择将资金分散投资,以降低整体风险。相反,在竞争较低的行业中，投资者可能会更加集中投资，以追求更高的回报。

2. 企业的战略决策

首先，企业管理者需要深入了解行业竞争的演变，以制定战略和决策。在高度技术密集型的行业中，新技术的迅速发展可能导致市场颠覆。企业可能需要加大研发投入，以保持竞争力并推出创新产品。了解竞争对手的技术动态和研发策略对于制定有效的研发战略至关重要。

其次，不同行业的竞争性质要求企业采取不同的战略应对。在成本竞争激烈的行业中，企业可能需要更加注重成本控制和效率提升。这可能包括优化生产流程、降低人工成本和寻找供应链的成本效益。企业管理者需要根据行业竞争的特点来制定相应的成本管理策略。

最后，深入了解行业竞争的演变有助于企业确定市场定位和国际扩张策略。在全球化程度较高的行业中，企业可能需要考虑跨国市场的机会和挑战。了解不同国际市场的需求和竞争对手将有助于企业选择适当的扩张策略，包括市场进入方式和产品定位。

第二节 研究目的与问题

一、主要研究目标

首先，本研究的首要目标是深入分析不同行业竞争模式的特征。我们将详细研究传统行业竞争，其中竞争主要集中在价格和产品质量方面。我们将聚焦于技术创新驱动的竞争，这种竞争模式强调研发和创新投入。我们将探讨全球化时代下的行业竞争，以及企业面临国际市场的竞争和机遇。通过深入了解这些不同竞争模式的特点，我们将能够更全面的理解行业竞争的本质。

其次，我们的研究旨在探讨这些竞争模式如何影响股票市场的表现。具体而言，我们将分析不同行业竞争模式下股票市场的波动情况，以及这些模式对股票市场的长期回报产生的影响。这将有助于投资者更好地理解不同行业的风险和回报潜力，从而更明智地配置他们的投资组合。

再次，我们的研究还将关注投资者和企业管理者在不同竞争环境下的决策策略。我们将深入研究投资者如何调整他们的投资组合以应对不同行业竞争模式的风险。此外，我们还将探讨企业管理者如何根据不同竞争模式来制定战略和决策，包括研发、成本控制、市场定位和国际扩张策略。这将为投资者和企业管理者提供有关如何应对不断变化的竞争环境的实际指导。

最后，本研究的终极目标是为投资者、企业管理者和学术界提供有关行业竞争演变的深入见解和理论基础。我们的研究将为投资者提供关于如何优化投资组合以降低风险和追求回报的实际建议。同时，企业管理者将能够根据不同行业竞争模式来制定更具前瞻性的战略和决策，以提高企业竞争力。最重要的是，我们的研究将拓展经济学、管理学和市场学等学科领域的理论框架，为未来的研究提供坚实的基础，从而推动学术界对行业竞争演变的深入探讨。

二、研究问题的明确定义

研究问题一：不同行业竞争模式对股票市场的影响是什么

1. 不同行业竞争模式下的股票市场波动情况

本书将详细分析不同行业竞争模式下股票市场的波动情况。在传统竞争模式下，股票市场是否表现出较为稳定的趋势？因为竞争主要集中在价格和产品质量，可能导致价格波动较小。相比之下，在技术创新竞争和全球化竞争下，市场是否更容易受到外部因素的影响，从而呈现出更大的波动性？

2. 不同行业竞争模式对股票市场的长期回报影响

本书将探究不同行业竞争模式对股票市场的长期回报产生的影响。是否在某些竞争模式下，投资者能够获得更高的长期回报，或者某些模式下，长期回报相对稳定？这将有助于投资者更好地了解不同行业的投资潜力。

3. 不同行业竞争模式下的投资组合表现差异

本书还将关注不同行业竞争模式对投资组合表现的影响。是否有一些特定的投资组合策略在不同竞争模式下表现更佳？投资者是否可以通过优化其投资组合来充分利用行业竞争的演变，从而实现更好的回报和风险控制？

研究问题二：投资者如何应对不同行业竞争模式

1. 投资者如何调整其投资组合以应对不同行业竞争模式的风险

在这一问题中我们将探讨投资者如何根据不同行业竞争模式来调整其投资组合，以降低风险。例如，在竞争激烈的行业中，投资者可能更倾向于分散投资以降低单一行业的风险。这是否反映在他们的投资组合配置中，以及这种策略是否取得了成功是本书研究的关键点。

2. 投资者是否更倾向于在竞争激烈的行业中分散投资或选择避免这些行业

在这一问题中我们将进一步探讨投资者的行为。是否有趋势表明投资者更愿意在传统竞争激烈的行业中分散投资,或者选择避免这些行业会成为研究的关注点。这对于投资者的风险管理和投资决策具有重要意义。

3. 投资者如何利用行业竞争的演变来追求更高的投资回报

本书将深入研究投资者是否采取不同的策略及利用行业竞争的演变来实现更高的投资回报。例如,是否有投资者更愿意投资在新兴行业中,以追求高增长和更高的回报?这种策略在实践中是否成功?

研究问题三:企业管理者如何应对不同行业竞争模式

1. 企业管理者如何根据行业竞争的特点调整研发投入和创新策略

本书将深入研究企业管理者在不同行业竞争模式下如何调整其研发投入和创新策略。是否在某些竞争模式下,企业更愿意加大创新投入?这是否反映在研发预算和新产品推出上?

2. 企业管理者如何制定成本控制策略以应对不同程度的竞争

本书将关注企业管理者在不同程度的竞争下如何制定成本控制策略。是否在某些竞争激烈的行业中企业更加注重成本控制?是否有不同的成本管理策略在不同行业中能得到应用?

3. 企业管理者如何选择市场定位和国际扩张策略以适应不同行业竞争模式

本书将研究企业管理者如何根据不同行业竞争模式来选择市场定位和国际扩张策略。是否有企业更愿意在全球化竞争中拓展国际市场?不同行业是否更倾向于不同的市场定位策略?

这些明确定义的问题将为本书的研究提供结构性和有针对性的方向,以更深入地探讨行业竞争的演变对股票市场和企业决策的影响。通过回答这些问题,我们将能够为投资者、企业管理者和学术界提供更丰富的见解和实用的建议。

三、假设和研究假说

假设一:不同行业竞争模式会对股票市场的波动产生显著影响

1. 传统行业竞争与市场波动

在传统行业竞争下,价格和产品质量通常是企业之间的主要竞争因素。在这种模式下,市场可能呈现相对稳定的特征,因为竞争局限于主要竞争因素。股票市场在传统行业中的波动性可能较低,投资者可能更关注基本面和稳定的股票表现。

2. 技术创新驱动的竞争与市场波动

随着技术创新的兴起,企业竞争逐渐集中在研发和创新上。这可能导致市场更为不稳定,因为新技术的涌现和淘汰可能对股票价格产生较大影响。因此,在技术创新驱动的行业中,股票市场的波动性可能较高。

3.全球化竞争与市场波动

全球化趋势使得企业在全球范围内展开竞争,这可能导致市场出现更加复杂的波动变化。国际因素方面如汇率波动、国际贸易政策等可能对股票市场产生重大影响。因此,在全球化竞争的环境下,股票市场的波动性可能受到多种因素的影响。

假设二:投资者会调整其投资组合以应对不同行业竞争模式的风险

1.投资者在竞争激烈行业中的投资组合调整

投资者可能会在竞争激烈的行业中采取分散投资的策略,以降低特定行业的风险。这可能表现为在不同行业中分配资产以减轻特定行业的下行风险。

2.投资者避免投资激烈竞争的行业

某些投资者可能会选择避免投资激烈竞争的行业,以减少潜在的不确定性和波动性。这可能导致一些行业的资本流动受到限制,影响股票市场的资本配置。

3.投资者利用行业竞争的演变来追求更高的投资回报

投资者可能会寻找机会利用行业竞争的演变来获得更高的投资回报。例如,他们可能会专注于新兴行业,以追求更高的回报。此外,投资者可能会根据行业竞争模式来选择不同的投资工具,如股票、债券或衍生品。

假设三:企业管理者会根据行业竞争模式调整其战略和决策

1.企业管理者根据行业竞争的特点调整研发投入和创新策略

企业管理者可能会根据不同行业竞争模式来调整其研发投入和创新策略。在技术创新驱动的行业中,他们可能会加大研发投入,以推出新产品或服务。相反,在成本竞争激烈的行业中,他们可能会更加注重成本控制,以提高竞争力。

2.企业管理者制定成本控制策略以应对不同程度的竞争

企业管理者可能会根据不同竞争程度制定不同的成本控制策略。在竞争激烈的行业中,他们可能会寻求降低生产成本,提高效率以保持竞争力。而在相对较少竞争的行业中,他们可能会更加灵活,更注重产品品质和创新。

3.企业管理者选择市场定位和国际扩张策略以适应不同行业竞争模式

企业管理者可能会根据行业竞争的特点来选择不同的市场定位和国际扩张策略。在全球化竞争激烈的行业中,企业可能会积极寻求国际市场机会,寻找增长点。而在国内市场竞争激烈但国际市场相对稳定的行业中,企业可能会更侧重于提高本土市场份额和竞争力。

假设四：投资者和企业管理者的决策会对股票市场和企业绩效产生显著影响

1. 投资者的决策对股票市场的影响

投资者的投资决策可能会对股票市场的供需关系产生影响，从而影响股票价格和市场表现。例如，大规模的资本流动可能会导致市场波动，而投资者对某些行业的偏好可能会影响相关股票的价格。

2. 企业管理者的决策对企业绩效的影响

企业管理者的战略决策和运营策略可能会直接影响企业的市场地位和盈利能力。例如，一个成功的创新战略可能会带来市场份额的增加和盈利的增长，而一种高效的成本控制策略可能会提高企业的竞争力。

假设五：行业的全球化程度会对竞争模式和投资决策产生影响

1. 全球化程度对竞争模式的影响

行业的全球化程度可能会影响不同行业的竞争模式。在全球化程度较高的行业中，企业可能会面临更多国际竞争和市场机会，这可能导致竞争模式发生变化。因此，行业的全球化程度可能会影响投资者和企业管理者的决策。

2. 全球化程度对投资决策的影响

全球化趋势使得投资者和企业管理者需要考虑更广泛的市场因素。不同行业的全球化程度可能会影响投资决策，包括资产配置、国际市场选择和汇率风险管理等。因此，行业的全球化程度可能会对投资决策产生重要影响。

第三节 研究方法与范围

一、数据收集方法

（一）市场数据收集

市场数据的收集是研究的基础，因此需要确保数据的准确性和全面性。本书将采用以下方法来收集股票市场的相关数据：

1. 金融数据提供商

本书将首要依赖于专业的金融数据提供商，如 Bloomberg、Thomson Reuters、FactSet 等。这些提供商提供了全球范围内的股票市场数据，包括股票价格、交易量、市值、市盈率等关键指标。这些数据具有高可信度，通常用于学术研究和投资决策。

2. 数据库和交易所数据

除了专业数据提供商，本书还将考虑使用股票交易所和金融数据库提供的数据。这些数据通常由交易所和金融机构维护，包括股票价格历史、公司财务报表、交易量等信息。

3. 学术研究文献

学术文献中常包含大量的市场数据，尤其是关于股票市场表现和行业竞争的学术文献。本书将综合利用已有的学术研究文献中的数据，以拓展数据来源。

（二）行业竞争数据收集

为了分析不同行业竞争模式，本书将收集有关行业竞争的数据，包括以下关键指标：

1. 市场份额

本书将获取不同行业公司的市场份额数据，以衡量各公司在特定行业中的地位和竞争力。

2. 技术创新指数

为了衡量不同行业的技术创新程度，本书将收集与研发支出、专利数量、新产品推出等相关的数据。

3. 政府统计数据

政府机构通常发布有关不同行业的统计数据，包括行业收入、就业数据等。这些数据将用于分析行业的整体特征和趋势。

（三）投资者和企业管理者数据收集

为了研究投资者和企业管理者的决策行为，本书将采用以下方法收集相关数据：

1. 调查问卷

投资者将接受调查问卷调查，以收集其投资决策、风险偏好、投资组合配置等信息。问卷的设计基于现有的投资行为理论和市场行为研究。

2. 面谈

企业管理者将接受面谈，以深入了解他们在不同行业竞争模式下的战略和决策。面谈采用半结构化的方式，涵盖多个主题，包括研发战略、市场定位、国际扩张等。

二、数据分析工具

（一）统计分析

统计分析是本书的核心方法之一，用于深入研究不同行业竞争模式对股票市场的影响。

首先，将对股票市场数据和行业竞争数据进行描述性统计，以了解它们的基本特征。这包括平均值、标准差、最大值、最小值等统计指标，以及数据分布的可视化呈现。

其次，为了探讨不同行业竞争模式如何影响股票市场，本研究将使用回归分析方法。将建立股票市场表现（如股票回报率）与行业竞争指标（如市场份额、市场集中度、技术创新指数）之间的回归模型。这会帮助我们量化不同行业竞争模式对股票市场的影响程度，并检验假设。

最后，还将进行相关性分析，以识别不同变量之间的相关关系。这包括皮尔逊相关系数检验、斯皮尔曼秩相关系数检验等方法，以确定是否存在显著的相关性。

（二）财务分析

财务分析有助于评估企业在不同竞争环境下的绩效。以下是财务分析方法：

1. 利润分析

分析企业的利润状况，包括毛利率、净利润率等指标。通过比较不同行业中企业的利润表现，可以识别行业竞争模式对企业盈利能力的影响。

2. 资产负债表分析

审查企业的资产负债表，包括资产构成、负债结构和股东权益等。这有助于了解企业的资本结构和财务稳健性。

3. 现金流分析

分析企业的现金流量状况，包括经营活动、投资活动和筹资活动的现金流量。这帮助我们了解企业的现金管理能力和投资决策。

（三）贝叶斯网络分析

为深入理解投资者和企业管理者的决策策略，将采用贝叶斯网络分析方法。这一方法允许建立复杂的概率模型，以模拟不同变量之间的因果关系和依赖关系。具体如下：

1. 建模

建立贝叶斯网络模型，以捕捉投资者和企业管理者决策策略中的关键变量。这可能包括市场环境、行业竞争情况、企业财务状况等因素。

2. 参数估计

估计模型中的参数，以使模型与观察数据相拟合。这包括使用贝叶斯方法进行参数估计，以考虑不确定性和先验信息。

3. 分析

使用贝叶斯网络来模拟投资者和企业管理者的决策过程，并识别关键因素对决策的影响程度。这有助于深入理解不同竞争模式下的决策策略。

三、研究的时间范围

首先,研究的时间范围将根据数据的可用性和充分覆盖不同竞争模式的历史情况来确定。考虑到深入的数据分析和充分的历史比较是研究的关键要素,本书回顾并分析过去的10~20年的数据。这个时间范围足够长,能捕捉行业竞争模式的演变趋势,并允许进行有意义的长期比较。

其次,这个时间范围有助于揭示不同竞争模式对股票市场和投资组合的长期影响。对于投资者和企业管理者的决策策略来说,了解不同时期的竞争模式如何影响他们的选择和绩效是至关重要的。长期数据的分析将有助于确认或反驳假设,为更全面的理解提供支持。

再次,通过对过去10~20年的数据进行分析研究,能够考查行业竞争模式的变化趋势。这有助于识别竞争模式的周期性或趋势性特征,并探讨可能导致这些变化的因素。了解这些趋势有助于投资者和企业管理者更好地应对未来的市场和竞争挑战。

最后,这个时间范围的选择有助于确保数据的质量和可靠性。在过去10~20年,金融市场数据和行业竞争数据通常都是充分可靠且受到广泛认可的。这有助于保证研究的可信度和可重复性。

四、地理范围和样本选择

(一)地理范围

1. 全球范围的考虑

本书研究的地理范围跨足多个国家和地区,以综合考虑全球化趋势对行业竞争的影响。全球化已经改变了企业竞争的本质,跨国公司在全球范围内开展业务,国际贸易和供应链已经变得更加复杂。因此,研究需要覆盖不同地理区域,以捕捉全球化对不同行业竞争模式的影响。

2. 跨国比较

在地理范围的选择方面,本书进行跨国比较,以便更好地理解不同国家和地区之间的行业竞争差异。这将有助于揭示全球范围内行业竞争的共性和特殊性。同时,跨国比较还可以提供有关不同国家和地区的市场特征和监管环境的信息,这对于分析行业竞争的影响至关重要。

3. 全球化程度考量

在地理范围的选择中,全球化程度被视为一个重要因素。一些行业更容易跨足国际市场,而另一些行业可能仍然以国内市场为主。因此,本书在选择样本时考虑不同行业的全球化程度,以确保充分覆盖不同类型的竞争环境。

(二)样本选择

1. 代表性样本

在选择样本时,本书优先考虑代表性,以确保研究结果的适用性和可泛化性。代表性样本将包括来自不同行业的上市公司和投资者,以反映不同行业竞争模式的多样性。这将有助于识别不同行业之间的关键差异和相似之处。

2. 多样性样本

除了代表性,样本的多样性也将被纳入考虑。多样性样本将包括来自不同国家和地区的企业和投资者,以便更好地捕捉全球化趋势的影响。进行跨国比较能更深入地理解全球化对不同行业的影响。

3. 行业特征

样本选择还将考虑不同行业的特征。一些行业可能更受技术创新驱动,而另一些行业可能更受成本竞争的影响。因此,样本涵盖多个行业,并在分析中考虑这些行业特征的差异。

第二章 理论框架与文献综述

第一节 产品市场竞争的理论基础

一、市场经济中的竞争理论

（一）竞争的概念和重要性

1. 竞争的定义

竞争是市场经济中至关重要的概念，它包括各种经济主体之间的相互作用和行为，旨在实现个体或组织的经济目标。这些目标通常包括资源分配、市场份额获取、利润最大化和市场领导地位等。

第一，资源分配。竞争是资源分配的一种机制。在市场经济中，各个经济主体通过竞争来获取他们所需的资源，无论是原材料、劳动力还是资本。这是因为资源通常是有限的，因此各方必须通过竞争来争夺它们。这种竞争有助于确保资源被有效地分配到最有价值的用途。

第二，市场份额获取。企业追求获得市场份额，即在特定市场上的销售份额。为了实现这一目标，企业必须通过不断改进其产品和服务、提供更好的客户体验以及通过制定竞争性价格等方式来吸引消费者与竞争对手进行竞争。

第三，利润最大化。对企业而言，竞争的主要目标是实现利润最大化。企业通过提高销售额、降低成本、持续创新以及灵活地市场定价策略等方式来追求更高地盈利。竞争迫使企业不断地寻找提高效率和降低生产成本的方法，以增加利润。

第四，市场领导地位。在一些情况下，企业追求市场领导地位，即在其行业中成为领先者。这需要不仅在产品和服务方面保持竞争力，还需要通过市场营销、创新和制定有针对性的战略来不断发展、壮大企业，以确保其在市场上占据主导地位。

2. 竞争的重要性

竞争在市场经济中具有重要的地位和作用，主要体现在以下几个方面：

第一，资源分配效率。竞争在市场中起到资源配置的调节作用，它通过市场机制将有限的资源分配给各个经济主体。在竞争激烈的市场中，资源将自动流向最具竞争力的领域，因为这些领域通常能够提供更高的回报和利润。企业为了在竞争中获胜，必须不断提高生产效率、优化资源利用、降低成本，这种竞争驱动了整个经济体系的效率提升。资源分配的有效性有助于确保资源用于生产最需要的商品和服务，同时减少了资源浪费的可能性，这对整体经济的可持续发展至关重要。

第二，价格形成机制。竞争推动价格的形成，确保价格能够反映商品或服务的真实价值。在竞争性市场中，供求关系和价格机制使价格得以自由浮动，反映市场参与者的需求和供应情况。这种价格形成机制有助于确保价格的合理性和透明度，从而为消费者选择商品提供参考。消费者可以根据价格来做出购买决策，促使企业提供高质量的产品和服务以吸引顾客。竞争性价格还鼓励企业不断改进和创新，以提供更有竞争力的价格和产品。

第三，创新驱动。竞争激发企业进行创新，以提供更好的产品和服务，不断满足市场需求。在竞争激烈的市场中，企业必须不断寻找新的方式来吸引客户、提高产品质量、降低成本并提高效率。这种创新驱动有助于推动技术和业务模式的进步，促进整个经济的发展。创新也可以提高生活质量，提高产品的功能和性能，从而使消费者受益。

第四，消费者权益。竞争带来了多样性和选择性，使消费者能够根据需求和偏好做出自己的购买决策。在竞争激烈的市场中，消费者通常能够选择多个供应商和产品。这为消费者提供了更多的决策权，使他们能够更好地满足自己的需求，获得更高质量的产品和服务，以及更有竞争力的价格。消费者可以比较不同供应商的产品和价格，从而做出更明智的购买决策，而供应商则必须不断提高产品质量和服务水平以吸引消费者。

（二）竞争理论的发展历程

竞争理论的演变和发展可以追溯到古典经济学时期，经历了不同阶段的探讨和研究，包括古典经济学、新古典经济学和产业组织理论。以下是竞争理论的发展历程：

1. 古典经济学

竞争理论的早期奠基人之一是苏格兰经济学家亚当·斯密（Adam Smith）。他在1776年的著作《国富论》中提出了自由市场理论的基本概念。亚当·斯密认为，自由市场中的竞争是资源分配的理想机制，市场参与者通过追求个人利益，最终促进整体经济效益。他强调了市场自由竞争的重要性，将市场比喻为看不见的手，自动引导资源到最优的配置。

2. 新古典经济学

随着时间的推移，新古典经济学兴起，对竞争理论起到了进一步发展的作用。该理论强调了供求均衡和理性决策的概念。新古典经济学家如阿尔弗雷德·马歇尔（Alfred Marshall）强调了市场供求的交互作用，他的著作《经济学原理》对市场竞争和价格理论进行了系统性的阐述。新古典经济学认为，市场参与者追求效用最大化，通过理性决策来选择最优的产品和服务，从而形成了市场的均衡。

3. 产业组织理论

产业组织理论是竞争理论的一个重要分支，关注市场结构、市场权力和企业行为。这一理论在20世纪中期得到了发展，并由约瑟夫·熊彼特（Joseph Schumpeter）、弗朗西斯·埃奇沃斯克（Francis B.Egerton）等学者深化和推动。产业组织理论研究了不同市场形式，包括垄断、寡头垄断和垄断竞争等。它认为，市场竞争的性质和程度取决于市场结构，不同市场形式对竞争和市场行为会产生不同的影响。

（三）市场竞争的基本假设

1. 完全竞争假设

完全竞争假设是竞争理论的核心假设之一。它假设市场上存在众多的买家和卖家，产品或服务是同质化的，即不具备差异性，市场参与者可以自由进出市场。此外，该假设认为任何一方都无法单独影响市场价格，因为市场价格是由市场供求关系决定的。

在现实世界中，完全竞争假设通常并不成立。很少有市场可以符合所有这些条件。许多市场存在垄断、寡头垄断或垄断竞争，产品或服务通常具有差异性，某些市场可能存在进入壁垒。尽管如此，完全竞争假设仍然对竞争理论分析提供了有用的起点。

2. 无信息不对称假设

竞争理论假设市场参与者具有相同的信息，即无信息不对称。这意味着所有市场参与者都能够获得相同的信息，并且能够理性地利用这些信息来做出经济决策，例如购买或投资决策。

在现实中，信息不对称是普遍存在的。市场参与者的信息获取能力和信息质量可能不同，这可能导致市场不完全有效。为了解决信息不对称问题，市场通常依赖于监管机构监管、信息披露要求和市场透明度的提高，以确保市场能够更加公平和高效地运作。

3. 理性经济主体假设

竞争理论假设市场参与者是理性经济主体。这意味着他们在追求自身利益的基础上作出最佳决策。根据这一假设，市场参与者会考虑成本和效益，以最大化他们的效用或利润。

尽管理性经济主体假设在理论分析中很有用，但在实际情况下，人们的决策通常受到有限理性、心理偏差和信息局限性的影响。这些因素可能导致市场参与者做出与完全理性预期不符的决策。因此，行为经济学等领域的研究也对市场行为提供了更全面的理解。

二、市场结构和竞争战略

（一）市场结构的分类

市场结构是竞争理论中的重要概念，用于描述市场中不同企业的数量、规模和市场份额等特征。市场结构主要分为以下几种类型：

1. 完全竞争市场

首先，完全竞争市场的一个显著特征是市场上存在众多小型卖家和买家。这意味着市场上有大量的小型企业，它们在市场中存在，但没有足够的市场份额来单独影响市场价格。这些小型卖家和买家大量存在，没有足够的市场力量来干预价格形成过程。这种大量性质对市场参与者在价格制定方面几乎没有影响力，价格在市场上自由浮动。

其次，在完全竞争市场中，产品或服务通常是同质化的。这意味着各个企业生产的产品或提供的服务在质量和特征上没有实质性的区别。消费者可以轻松地选择一家企业的产品或服务，舍弃另一家企业的产品或服务，因为它们在本质上是相同的。这个同质化特性消除了产品的差异化，使得市场上的产品是可互换的。

最后，完全竞争市场的价格由市场决定。市场上的价格取决于供求关系，当需求增加时，价格上升；当供应增加时，价格下降。由于没有企业能够单独影响市场价格，市场价格是在供求之间达到均衡时形成的。这种价格机制反映了市场中产品或服务的实际价值，从而为消费者提供了选择的机会，他们可以根据市场价格来做出购买决策。

2. 垄断竞争市场

首先，垄断竞争市场的一个显著特征是市场上存在多个小型企业。与完全竞争市场不同，垄断竞争市场中有多家企业存在，它们在市场上提供各自具有差异化特征的产品或服务。这意味着消费者在市场上面对多家供应商，可以选择符合其需求和偏好的产品或服务。

其次，在垄断竞争市场中，产品差异化是一项重要特征。这意味着市场上的产品或服务在某些方面存在一定程度的差异，以满足不同消费者的需求。这种差异可以包括品牌、质量、设计、功能、包装等多个方面。企业通过产品差异化来吸引和保留客户,因为它们的产品或服务在某些方面具有独特性。

最后,垄断竞争市场中的企业具有有限的定价权。尽管它们在一定程度上能够影响产品或服务的价格,但它们受到市场竞争的制约。这意味着企业不能自由地制定高于市场水平的价格,因为消费者有替代选择,并且价格敏感度较高。企业需要在产品差异化和价格之间找到平衡,以吸引消费者并保持竞争力。

3. 寡头垄断市场

首先,寡头垄断市场的一个显著特征是市场上通常只有少数几个大型企业占据主导地位。这些大型企业通常在市场上拥有大部分的市场份额,因此它们能够对市场价格和市场规则产生较大的影响。相对于完全竞争市场和垄断竞争市场,寡头垄断市场的市场份额更为集中。

其次,尽管在寡头垄断市场中存在多个企业,但由于市场份额集中在几个大企业手中,因此市场上的竞争程度有限。这意味着虽然有多家企业存在,但它们之间的竞争相对较弱,大型企业之间的竞争通常更为激烈,而小型企业可能难以进入市场并获得足够的份额。

最后,在寡头垄断市场中,这些大型企业通常具有一定的定价权,能够在一定程度上操控价格。虽然它们的价格决策受到市场竞争和监管的制约,但相对于其他市场结构,它们更有能力通过价格策略来实现一定程度上的利润最大化。

4. 纯垄断市场

首先,纯垄断市场的最显著特征是市场上通常只有一个企业提供特定产品或服务,而且这个企业拥有绝对的市场支配地位。这意味着在该市场领域内,没有其他企业可以提供直接替代品。消费者只能依赖唯一的供应商来获取所需的产品或服务。

其次,在纯垄断市场中,这个垄断企业通常具有价格制定权。由于市场上没有其他竞争者来制衡价格,垄断企业能够自主制定价格,以实现利润最大化。这使垄断企业能够在一定程度上操控价格,而消费者通常需要接受这些价格。

最后,纯垄断市场通常存在市场进入的高壁垒。这些壁垒包括高昂的资本要求、技术壁垒、专利权、法律法规以及已建立的品牌知名度等。这些壁垒使得其他潜在竞争者难以进入市场与垄断企业竞争。因此,市场上通常只有一个企业独自占据市场份额。

(二)竞争战略的重要性

企业在不同市场结构下需要制定不同的竞争战略,以获取竞争优势和最大化利润。竞争战略涵盖了产品定价、市场定位、广告营销、研发创新等方面的决策。通过选择合适的竞争战略，企业可以更好地应对市场竞争和变化。

1. 适应市场结构

第一，获得市场份额。在市场结构多样的环境中，企业需要根据竞争程度来制定战略。在完全竞争市场，企业可能更注重成本控制和效率，以争取市场份额。在垄断市场，企业可能会关注市场定价策略，以最大限度地利用其市场支配地位。

第二，产品差异化。在垄断竞争市场中，产品差异化是一项关键策略。通过不断改进产品或提供独有的特征，企业可以吸引更多客户，并建立品牌忠诚度。这可以在市场份额上赢得竞争。

2. 反映市场变化

第一，市场定位。市场竞争战略需要不断调整，以适应市场的变化。企业需要定期评估市场定位，确保与目标市场的需求和趋势保持一致。这可能包括重新定位产品、寻找新的目标市场或进一步细分市场。

第二，创新和研发。为了在不断变化的市场中保持竞争力，企业需要投资研发和创新。这可以帮助企业开发新产品、提高产品质量，并跟上市场趋势。研发创新是企业获得竞争优势的关键。

3. 维护竞争优势

第一，品牌建设。在竞争激烈的市场中，强大的品牌可以成为企业的竞争优势。通过品牌建设和客户品牌忠诚度的培养，企业可以维持客户的忠诚度，并更容易抵御竞争对手的进攻。

第二，成本控制。成本控制是在任何市场环境下都至关重要的竞争策略。有效的成本管理可以帮助企业提高利润率，提供更具竞争力的价格，或投资于其他战略领域。

三、竞争策略的分类

（一）成本领先策略

1. 特征

成本领先策略是企业通过降低生产和运营成本来获得竞争优势的策略。这意味着企业在制造、供应链、资源管理等方面要具备高度的效率和成本控制能力。成本领先策略的特征包括：第一，高度的成本效率。企业需要在生产和运营过程中实现高度的成本效率。这包括降低原材料采购成本、减少生产过程中的废品率、提高劳动力生产率等。第二，价格竞争。成本领先企业通常以更低的价格销售其产品或服务，从而吸引价格敏感的消费者。他们倾向于在市场上采用竞争性价格策略，以蚕食市场份额。第三，规模经济。成本领先策略通常依赖于规模经济。企业通过扩大生产规模，分摊固定成本，从而降低单位产品的生产成本。

2. 实施方法

成本领先策略的实施需要一系列方法和战术，以确保成本的最小化。以下是一些实施方法：第一，规模经济。扩大生产规模，以降低单位产品的生产成本。这可以通过增加产量、提高产能利用率和减少生产设备的闲置时间来实现。第二，生产效率。采用先进的生产技术和自动化设备，以提高生产效率。自动化和机器人技术可以减少劳动力成本，并提高生产速度和质量。第三，供应链管理。优化供应链以降低库存成本、运输成本和采购成本。采用供应链管理工具和技术，如物流优化、供应链可见性等。第四，标准化。制定标准化产品和流程，以降低变化和复杂性成本。标准化可以简化生产流程，减少零部件的种类，提高效率。第五，成本控制文化。建立一个强调成本控制的企业文化，鼓励员工寻找降低成本的机会，并奖励他们为此做出的贡献。第六，创新。创新不仅可以改进产品和服务，还可以降低生产成本。企业可以寻找新的材料、技术或生产方法，以提高效率。第七，过程优化。不断优化生产和运营过程，识别并消除浪费和低效率的环节。

（二）差异化策略

1. 特征

差异化策略是企业通过提供独特的产品或服务来获得竞争优势的策略。这种策略的核心特征包括以下几点：第一，独特性。企业通过在产品、服务、品牌或其他关键方面赋予其独特性，使其在市场上与竞争对手有所区别。这种独特性可以体现在产品特性、设计、功能、性能、品质等方面。第二，品牌价值。差异化策略通常伴随着品牌建设。企业努力打造强大的品牌形象，使消费者与其品牌产生情感联系，从而增强客户的品牌忠诚度。第三，高价定位。差异化产品或服务通常以较高的价格销售。这是因为消费者通常愿意为独特性和卓越性付出更多的费用。第四，技术创新。差异化不仅体现在外部特性上，还包括技术创新。企业可能投资于研发新技术、新产品或新服务，以确保其在市场上处于领先地位。第五，高品质和服务。差异化策略通常要求提供高品质的产品或服务，并提供卓越的客户体验。这包括个性化服务、客户支持和售后服务的改进。

2. 实施方法

差异化策略的实施需要一系列方法和战术，以确保产品或服务的独特性和卓越性。以下是一些实施方法：第一，品牌建设。建立和推广品牌形象，确保品牌在消费者心中具有积极的认知和印象。第二，投资研发。不断投资研发，以创造新的产品、技术或服务。这可以帮助企业保持创新性和领先地位。第三，设计和质量。确保产品设计独特且吸引人，同时提供高品质的制造和服务。第四，市场定位。确定目标市场和客户，以了解其需求和偏好，并根据这些信息定制产品或服务。第五，客户体验。提供个性化和卓越的客户体验，包括客户支持、定制选项和售后服务。第六，定价策略。制定合理的定价策略，反映产品或服务的价值，同时与竞争对手进行比较。第七，市场传播。使用适当的营销和宣传活动，强调产品或服务的独特性和卓越性。

（三）聚焦策略

1. 特征

聚焦策略是企业通过专注于特定市场细分或特定消费者群体来获得竞争优势的策略。企业将资源集中在特定领域，以满足特定市场的需求。

2. 实施方法

聚焦策略的实施方法包括以下方面：

第一，市场细分。聚焦策略的核心特征之一是市场细分，即选择一个或多个特定的市场细分，将企业资源集中在这些细分市场上。这种细分可以基于多种因素，包括地理位置、人口特征、消费习惯、需求模式等。通过市场细分，企业可以更好地理解目标市场的需求和偏好，从而能够提供更贴近客户需求的产品或服务。例如，一家眼镜制造商可以选择将其市场细分为儿童、青少年和成年人。每个细分市场可能对眼镜的设计、颜色、尺寸等方面有不同的需求。通过针对每个细分市场进行定制，该企业可以更好地满足各类客户的需求，建立更深的客户关系，并在特定市场细分中获得竞争优势。

第二，客户定制。聚焦策略还包括客户定制，即为特定客户群体提供个性化的产品或服务。这需要企业深入了解客户的需求、偏好和要求，并根据这些信息定制产品或服务。客户定制可以帮助企业与客户建立更紧密的关系，提高客户满意度，并增加客户忠诚度。例如，一家高级餐厅可以采用客户定制策略。他们可与客户合作，根据客户的口味、食物禁忌和特殊需求，定制个性化的菜单。这种定制服务可以提升客户的用餐体验，给他们留下好的印象，从而促使他们再次光顾餐厅。

第三，专业化。聚焦策略还可能涉及专业化，即企业开发专门的知识和专业技能，以满足特定市场的要求。这可以包括特殊的技术、工艺或行业专业知识。通过专业化，企业可以在特定领域建立声誉，并提供高水平的产品或服务。例如，一家医疗设备制造商可以选择专注于生产心脏手术设备。为了在这一领域取得竞争优势，他们可以投资于研发高度先进的心脏手术技术，并培训专业的技术支持团队。这种专业化可以使他们成为心脏手术设备市场的领导者。

（四）创新策略

1. 特征

第一，新颖性和独特性。创新策略的首要特征是新颖性和独特性。企业需要不断寻求新的、独特的解决方案，以满足市场上尚未满足的需求或改进现有产品和服务。

第二，技术和知识驱动。创新通常依赖于先进的技术和知识。企业需要投资于研发和获取新技术，以支持创新的推动。

第三，高风险和高回报。创新通常伴随着高风险，因为新产品或技术的市场成功不是必然的。当然，成功的创新也可能带来高回报，因为新市场的开拓和市场份额的获取可以产生巨大的价值。

第四，市场变革。创新策略的一个重要特征是其能够改变市场规则和现有产业格局。创新可以颠覆传统市场，创造新的市场机会，并迫使竞争对手跟随或适应变化。

2. 实施方法

第一，研发投资。企业需要投资大量资金和资源进行研究和开发，以推出创新产品或技术。这包括招聘研发团队、建立实验室和研究设施，并购买所需的技术和专利。

第二，市场敏感度。成功的创新策略需要企业具备敏感度，能够快速识别市场趋势和客户需求。企业需要与客户互动，收集反馈，并迅速调整产品或服务以满足这些需求。

第三，合作伙伴关系。建立合作伙伴关系是推动创新的关键。与其他组织或创新生态系统合作可以共享资源、知识和风险，加速创新过程。

第四，文化和组织结构。企业需要建立一种鼓励创新的文化，并创建支持创新的组织结构。这包括鼓励员工提出新想法、容忍失败，以及将创新列为战略优先事项。

第五，保护知识产权。为了保护创新成果，企业通常需要注册专利、商标或版权。这可以防止竞争对手复制或盗用创新成果。

第六，市场导向。创新策略应该是与市场导向密不可分的，即基于市场需求和客户反馈来确定创新方向。企业应该与客户密切合作，以确保创新项目与市场需求保持一致。

第二节　股票市场与投资理论

一、股票市场基本概念

（一）股票市场概述

1. 股票市场的定义

股票市场是金融市场的一个分支，它提供了一个场所和机制，允许公司（发行者）通过发行股票的方式来筹集资金，并允许投资者购买和交易这些股票。股票代表了公司的一部分所有权，持有股票的投资者成为公司的股东，享有相应的权利和利益。

2. 股票市场的功能

股票市场在经济中扮演着多种重要角色，具体如下。

（1）资本筹集

股票市场是公司筹集资金的关键途径之一。公司通过发行股票来融资，以支持其业务扩张、研发项目、收购等活动。这有助于经济的增长和创新。

（2）投资机会

股票市场为投资者提供了多样化的投资机会。投资者可以购买各种类型的股票，从而参与到不同行业、公司和市场部门的发展中。这有助于个人和机构投资者实现投资组合多样化，降低风险。

（3）价格发现

股票市场通过供求关系反映了股票价格的公平价值。市场参与者的交易活动会导致股票价格的波动，最终形成市场价格。这有助于确定公司的市值和估值。

（4）公司治理

股票市场促进了公司的透明度和治理标准。上市公司需要按照市场规则和法律法规定期披露财务信息、经营状况和关键决策，以满足投资者的信息需求，并确保合理的公司治理。

3. 股票市场的参与者

股票市场涵盖了多个参与者，具体如下。

（1）投资者

投资者是股票市场的核心参与者，包括个人投资者、机构投资者（如投资基金、养老金、保险公司）以及专业交易者。他们通过购买和持有股票来寻求回报。

（2）上市公司

上市公司是在股票市场上发行股票的公司。它们通过股票市场筹集资金，并承担信息披露和公司治理的责任。

（3）交易所

交易所是股票市场的基础设施，提供股票交易的场所和规则。世界各地有多个股票交易所，如纽约证券交易所（NYSE）、全美证券商协会自动报价系统（NASDAQ）等。

（4）证券经纪商

证券经纪商是中介机构，主要工作是帮助投资者买卖股票。他们提供交易执行、研究分析和投资建议等服务。

（二）股票类型与特性

1. 股票的类型

股票市场包括多种类型的股票，其中两种主要类型如下。

（1）普通股（Common Stock）

普通股是最常见的股票类型，代表了公司的所有权权益。持有普通股的投资者有权分享公司的盈利，参与投票并影响公司的决策。

（2）优先股（Preferred Stock）

优先股也代表了公司的一部分所有权，但与普通股不同，优先股持有者在分红和公司破产清算时具有优先权。优先股通常不具有投票权，但具有固定的股息。

2. 股票的特性

股票具有多种特性，具体如下。

（1）权益性质

股票代表了公司的权益，持有股票的投资者成为公司的股东，有权分享公司的盈利和资产增值。

（2）风险与回报

股票投资涉及风险与回报的权衡。股票市场的价格波动较大，投资者可能获得高回报，但也承担较高的风险。不同股票类型和公司的风险特性各不相同。

（3）流动性

股票市场通常具有较高的流动性，投资者可以相对容易地买入或卖出股票。这使得投资者能够快速调整其投资组合。

（4）分红和资本增值

持有股票的投资者可以通过分红获得现金回报，公司根据盈利情况定期向股东支付分红。此外，股票价格的上涨也可以为投资者带来资本增值。

（三）股票价格形成机制

1. 市场订单

股票市场中，投资者通过市场订单来购买或出售股票。市场订单分为市价订单和限价订单。市价订单要求立即以市场当前价格执行，而限价订单要求以指定或更好的价格执行。

2. 买卖差价

股票市场的买卖差价是指股票的买入价格（买盘）与卖出价格（卖盘）之间的差额。这个差价反映了市场的流动性和买卖双方的兴趣。较窄的差价通常表示市场较为活跃。

3. 市场深度

市场深度指在市场上有多少买盘和卖盘愿意以不同价格交易股票。市场深度图会显示这些价格水平上的买入和卖出订单数量，有助于投资者了解市场的供求情况。

4. 价格波动的原因

股票价格波动受多种因素影响，包括公司业绩、宏观经济因素、行业趋势、政治事件、投资者情绪等。投资者和交易算法的决策也可以引发价格波动。

（四）股票市场指数

1. 股票市场指数的定义

股票市场指数是衡量市场整体表现的工具，通常由一篮子股票组成，代表市场的某种特定方面或整体。指数的变化反映了股票市场中包含的公司股价的总体涨跌情况。

2. 股票市场指数的类型

股票市场指数有多种类型，具体如下。

（1）市值加权指数

市值加权指数根据公司的市值（市场资本化）来加权股票。较大市值的公司在指数中具有更大的影响力。例如，标普 500 指数采用市值加权方法。

（2）价格加权指数

价格加权指数将所有成分股的股价平均值作为指数的计算依据。不考虑公司的市值，每只股票对指数的影响相等。例如，道琼斯工业平均指数采用价格加权方法。

3. 股票市场指数的应用

股票市场指数可以用作多种投资和分析工具的基础，具体如下。

（1）投资组合管理

投资者可以使用股票市场指数来跟踪市场表现，评估其投资组合的相对表现，并进行风险管理。

（2）基金投资

许多投资基金，如指数基金和交易所交易基金，以特定股票市场指数作为其投资组合的基础。投资者可以通过购买这些基金来间接投资市场。

（3）市场分析

分析师和投资者使用股票市场指数来研究市场趋势、行业表现和市场波动。这有助于其做出投资决策和市场预测。

（4）衍生品交易

股票市场指数的期货合约和期权合约也是衍生品市场中的重要组成部分。投资者可以使用这些工具来进行对冲或投机交易。

（5）指数基金

指数基金是一种投资工具，旨在跟踪特定股票市场指数的表现。这些基金的投资策略是复制指数的股票组合，以期得到与指数相近的回报。投资者可以通过购买指数基金来实现对市场的广泛分散投资。

二、投资理论和资本市场线与有效边界

（一）投资理论概述

投资理论是金融学的一个重要领域，它涉及投资者如何在不同的资产之间分配资金以实现其投资目标。这一领域探讨了许多关键概念和原则，有助于投资者作出明智的投资决策。以下是投资理论的主要概念。

1. 风险与回报的权衡

投资者通常会面临权衡风险和回报之间的挑战。一般来说，高风险投资可能具有更高的潜在回报，而低风险投资可能伴随较低的回报。投资者必须仔细考虑其风险承受能力和投资目标，以确定适合自己的风险水平。

2. 多样化

多样化是降低投资组合风险的关键。它涉及将投资资金分散到不同资产类别或市场中，以减轻特定资产或市场的波动性对整个投资组合的冲击。通过多样化，投资者可以降低特定风险事件对其投资组合的负面影响。

3. 市场效率

投资理论通常基于市场效率假说，这一假说认为市场价格会反映所有可获得的信息。这意味着投资者不能依赖信息不对称来获得超额回报，因为市场已经反映了所有可用的信息。因此，投资者的目标是在市场价格基础上构建优化的投资组合，以实现

他们的投资目标。

投资理论为投资者提供了如何在不同资产之间分配投资资金的指导原则。它强调了风险管理的重要性，以及通过多样化和理性的决策来实现投资目标的方式。此外，市场效率假说提醒投资者，他们需要在信息获取和分析上付出充分的努力，以保持竞争力。

（二）资本市场线与有效边界

资本市场线和有效边界是投资理论中的两个关键概念，它们帮助投资者在风险和回报之间找到最佳的平衡点。

1. 资本市场线

资本市场线是一条描述了在不同风险水平下可获得的最高回报的曲线。这条曲线反映出投资者可以通过组合无风险资产（如国库债券）和高风险资产（如股票）来实现最佳风险回报平衡的方式。资本市场线的斜率表示了风险溢价，即投资者因承受风险而可以获得的额外回报。

2. 有效边界

有效边界也是一条曲线，表示在给定一定风险水平下，可以实现的最高期望回报。有效边界上的每一点代表一个投资组合，这个投资组合在特定风险水平下可实现最佳回报。有效边界的构建考虑了不同资产之间的相关性，以及它们的期望回报和风险。

投资者的目标是选择位于资本市场线上的投资组合，以在给定风险水平下获得最高的期望回报。有效边界的研究和构建帮助投资者识别出最佳的资产配置，以实现他们的投资目标，无论是追求最大化回报、最小化风险还是在两者之间取得平衡。

三、有效市场假说和市场行为

（一）有效市场假说

有效市场假说（Efficient Market Hypothesis，EMH）是一种有关金融市场的理论，它认为市场价格会反应所有可获得的信息，因此投资者不能通过分析市场价格来获得超额收益。EMH 存在以下三种形式。

1. 弱式有效市场假说（Weak Form Efficient Market Hypothesis）

弱势 EMH 认为市场已经反映了所有过去的交易信息，包括历史价格和交易量。换句话说，技术分析是无效的，因为过去的价格趋势和交易模式不能预测未来的价格。投资者无法通过研究历史价格走势来获取持续的超额回报。

对于弱势有效市场，投资者通常不会使用技术分析来制定投资策略，而会更多地依赖于基本分析或其他方法,如资产配置。

2. 半强式有效市场假说(Semi-Strong Form Efficient Market Hypothesis)

半强式 EMH 认为市场已经反映了所有公开信息,包括历史信息和公开报告。这意味着投资者不能通过分析公开信息来获得超额回报,因为这些信息已经被市场充分反映。只有获得内幕信息才可能实现超额回报,但这是非法的,会受到法律制裁。

半强式有效市场中,投资者通常更注重基本分析,即分析公司的财务报表、行业前景和宏观经济因素,以做出投资决策。

3. 强式有效市场假说(Strong Form Efficient Market Hypothesis)

强式 EMH 认为市场已经反映了所有信息,包括公开信息和内幕信息。这意味着无论投资者拥有什么信息,都无法获得超额回报。即使投资者具有内幕信息,也不能利用这些信息来获取持续的超额回报。

强势有效市场中,投资者通常会放弃寻找低估的股票或其他投资机会,因为他们认为这是不可能的。

需要注意的是,EMH 的理论基础是投资者行为理性且市场具有高度竞争性。然而,这一假说也受到了争议,因为市场中存在情绪和非理性行为,有些投资者可能会寻找低估的股票或其他投资机会。因此,EMH 并不是对所有市场情况都适用的普遍理论,而是一个理论框架,用来理解市场的一些特点和现象。

(二)市场行为与行为金融学

市场行为研究投资者在决策时的心理和行为因素。行为金融学是一门研究这些行为的学科,它挑战了 EMH。关键概念包括以下几点。

1. 投资者情绪

(1)情绪影响投资决策

情绪,如恐惧和贪婪,常常在投资决策中发挥着关键作用。投资者的情感状态可以显著影响他们对市场的看法和行动,导致不理性的决策。

第一,恐惧。当市场出现剧烈波动或负面消息时,恐惧情绪可能占据上风。这时,投资者可能会急于抛售股票,导致市场大幅下跌。

第二,贪婪。在市场繁荣期间,贪婪情绪可能会蔓延。投资者可能过于乐观,忽视风险,并追逐高回报。这可能导致市场泡沫和高估。

情绪驱动的投资决策可能导致市场价格与基本价值脱节,创造了投资机会和风险。

(2)心理账户

心理账户是行为金融学中一个重要的概念,它描述了投资者如何将其投资组合划分为不同的账户,并在每个账户中采取不同的投资策略,这些划分通常基于情感和心理因素而非理性分析。

第一，投资账户。这可能是长期投资账户，投资者会在其中持有多样化的资产，以实现长期财务目标。在这个账户中，他们可能会采取谨慎和理性的投资策略。

第二，交易账户。这个账户通常用于短期交易和投机，投资者可能更容易受到情感影响，因此更有可能做出冲动的决策，如频繁买卖或过度交易。

第三，储蓄账户。这个账户大多用于储蓄和应急资金。投资者在这个账户中通常会更加保守，不愿承担较大的风险。

2. 心理偏差

首先，过度自信是一种心理偏差，通常表现为投资者高估了自己的能力和信息获取能力。在这种情况下，投资者可能会采取过多地交易、高风险的投资，以及过于激进的投资策略。他们可能低估了风险，高估了自己的预测准确性，从而容易陷入亏损。

其次，损失厌恶是指投资者通常对损失的反应大于对同等金额收益的反应。这可能导致他们采取过于保守的投资策略，试图避免任何可能的损失。因此，他们可能会错过高回报的机会，因为他们过于谨慎，不敢承担风险。

再次，羊群行为是指投资者倾向于跟随其他投资者或市场趋势，而不是独立思考和分析。这可能导致市场出现大规模的波动，因为投资者集体采取相似的投资行为，而不考虑基本价值或风险。这种行为会导致市场泡沫和崩溃。

最后，了解这些心理偏差对投资者非常重要。投资者应该努力认识并克服这些偏差，采取更为理性的投资决策。这包括建立明确的投资策略、多样化投资组合以降低风险、定期审查和更新投资计划，以及不盲目跟风，而是依靠独立的研究和分析来作出决策。通过这些方法，投资者可以更好地应对心理偏差，提高长期投资的表现。

3. 投资决策中常见的错误

首先，过度交易是指投资者频繁地买卖股票或其他资产，而不是长期持有它们。这种行为通常会导致高额的交易成本，包括佣金和买卖价差，这些成本可能极大减少投资者的回报。过度交易也反映了投资者的急躁心理，他们试图在短期内获取快速的利润，而不是采取更长期的投资策略。

其次，忽视长期价值是指投资者过于关注短期收益，而忽视了资产的长期潜在价值。这种行为可能导致投资者卖出本应持有的资产，由于在短期内价格波动较大或亏损，而忽视了这些资产在未来可能的增值潜力。忽视长期价值通常与情感驱动的决策有关，投资者可能因恐惧或焦虑心理而做出不明智的决策。

最后，情感驱动的决策是指投资者在投资决策中受到情感（如恐惧和贪婪）的影响。例如，当市场出现大幅下跌时，恐惧情绪可能导致投资者恐慌性抛售股票，错失了长期投资的机会。相反，市场繁荣时，贪婪情绪可能使投资者过度自信，导致他们在高点买入，随后市场出现回调。这些情感驱动的决策可能导致投资者的买卖时机不当，从而影响他们的投资表现。

（三）技术分析与基本分析

技术分析和基本分析是两种用于预测股票价格走势的方法。

1. 技术分析

（1）基本原理

首先，技术分析的核心信念在于历史价格和交易量数据包含了关于资产的全部信息。这些数据反映了市场参与者之间的供需关系、情绪和预期。

其次，技术分析师通过市场价格和交易量的走势会形成可识别的图表模式。这些模式可能包括趋势线、支撑和阻力水平、头肩顶和双底等。这些模式反映了投资者的心理和市场动态。

最后，技术分析还使用各种技术指标来量化价格和交易量数据的特征。这些指标可以帮助分析师识别市场的力量和趋势方向。一些常见的技术指标包括移动平均线、相对强度指标、随机指标等。

（2）应用

首先，技术分析通常用于短期交易，因为它主要关注短期价格波动和趋势。投资者使用技术分析来找到市场中的入场和出场时机，以快速获取利润。

其次，技术分析为投资者提供了一种辅助决策的工具。通过分析图表模式和技术指标，投资者可以制定交易策略和管理风险。

（3）限制

首先，技术分析被批评为缺乏坚实的理论基础的分析，因为它没有考虑到公司的基本经济数据、产业背景和管理团队等因素。这使得它在长期投资决策中的应用有限。

其次，技术分析的有效性在学术界和投资者社区之间存在争议。一些人认为它只是一种自我实现的预测方法，因为大规模的技术分析可能会影响市场价格，使其按照分析师的预测方向移动。

2. 基本面分析

（1）基本面原理

首先，基本面分析的核心信念在于公司的内在价值决定了其股票的长期表现。基本面分析师认为，市场价格会在一段时间内趋向于公司的内在价值。

其次，基本面分析师研究公司的财务报表，包括收入、利润、现金流、债务水平和资产负债表等，以确定公司的健康状况和财务稳健性。这些数据可用于计算关键的财务指标，如市盈率（P/E 比）、市净率（P/B 比）和股息收益率等。

再次，基本面分析师还会考虑宏观经济因素（如通货膨胀率、利率和失业率）以及行业前景。这些因素会影响公司的盈利能力和增长潜力。

最后，基本面分析师会评估公司的管理团队，包括首席执行官和高管团队的经验和能力。公司领导者的决策和战略也会影响公司资产的长期表现。

（2）应用

首先，基本面分析通常用于长期投资，因为其目标是找到被低估或高估的股票，然后持有它们一段时间，以实现长期投资目标。基本面分析的投资决策需要更长时间的研究和分析。

其次，基本面分析师使用估值模型来确定股票的合理价格。通过比较内在价值和市场价格，他们可以确定股票是被高估还是被低估。

（3）限制

首先，基本面分析需要投资者对财务和经济数据进行深入研究，这可能需要大量的时间和专业知识。分析复杂的公司和行业可能需要更多的资源。

其次，基本面分析的结果可能受到市场情绪和短期波动的影响。即使分析显示一家公司的内在价值高于市场价格，短期内仍然可能会面临价格波动和风险。

第三节 产品市场竞争与股票收益的相关研究回顾

一、先前研究的关键发现

（一）市场竞争程度与股票收益的关系

市场竞争程度是指在某一行业或市场中存在多少家竞争性企业，以及这些企业之间的竞争强度。研究者一直在探讨市场竞争程度与公司股票收益之间的关系。这一关系涉及不同学派的观点和多样化的研究方法。下面我们将探讨市场竞争程度与股票收益之间的关系，并回顾已有的研究成果。

1.市场竞争程度对股票收益的负面影响

研究表明，在竞争激烈的市场中，公司可能面临以下挑战，这些挑战可能会对其股票收益产生负面影响。

第一，价格竞争压力。在竞争激烈的市场中，企业可能被迫降低产品或服务的价格，以吸引客户或维持市场份额。这种价格竞争可能导致较低的毛利润率，从而减少公司的盈利能力。

第二，市场份额争夺。竞争激烈的市场通常伴随着市场份额的争夺。为了扩大市场份额，公司可能会增加市场营销和广告支出，这可能会增加成本并降低盈利。

第三，创新压力。竞争激烈的市场要求公司不断创新，以满足客户需求并保持竞争力。虽然创新可以推动增长，但其需要投资，这可能会对短期盈利产生负面影响。

2.市场竞争程度对股票收益的正面影响

然而，也有研究认为市场竞争程度可以激励公司更高效的经营，从而提高股票收益。以下是一些可能产生正面影响的因素：

第一，竞争驱动的效率提高。市场竞争可能迫使公司寻求更高效的生产和运营方式，以降低成本。这种效率提高可能有助于提高盈利能力。

第二，市场份额领先者的利益。在某些情况下，市场竞争可能导致市场份额领先者获益，因为他们可以更好地抵御竞争者的压力，并在市场中保持强劲的地位。

第三，创新机会。竞争激烈的市场可能激发公司寻求创新的机会，以在市场中脱颖而出。这种创新可以带来市场份额的增长和盈利的提高。

（二）市场份额与股票表现

市场份额是一个公司在特定市场或行业中所占的销售额或份额比例。市场份额通常被认为是一项重要的业绩指标，因为它反映了公司在市场中的竞争地位。下面，我们将研究市场份额与股票表现之间的关系，并探讨已有的研究成果。

1.市场份额对股票表现的正面影响

第一，盈利能力。通常情况下，市场份额领先的公司可以更好地实现规模经济，因为他们可以分摊成本并提高盈利能力。这通常会导致更高的股票收益，因为投资者通常会重视盈利能力。

第二，市场信心。市场份额领先的公司通常会在投资者和分析师中建立更强的信心。这可能导致更多的投资和更高的股价，从而提高股票表现。

2.市场份额对股票表现的负面影响

第一，高估风险。在某些情况下，市场份额领先的公司可能被高估，因为市场对其未来增长和利润潜力寄予厚望。如果这些预期没有实现，股票可能会下跌，导致股票表现不佳。

第二，竞争压力。拥有大份额的公司可能会受到竞争对手更强烈的竞争压力，因为竞争对手可能会采取措施来争夺市场份额。这可能导致价格战和较低的利润率，对股票表现产生负面影响。

（三）竞争战略的影响

研究还表明，不同的竞争战略可能会对股票表现产生不同的影响。例如，一些公司可能通过降低价格来应对竞争，这可能会降低利润率。另一些公司可能通过创新来脱颖而出，从而提高股票收益。

1. 低成本领导战略

首先，低成本领导战略是一种企业竞争战略，其核心目标是通过降低生产和运营成本，实现产品或服务的成本领先地位。这意味着公司致力于在市场中提供在价格上具有竞争力的产品或服务，且通常以低于竞争对手的价格销售。

其次，这种战略的优势在于吸引大量价格敏感型消费者，并在市场上赢得市场份额。消费者通常倾向于选择价格更低的产品或服务，尤其是在经济不景气或竞争激烈的市场中。因此，低成本领导战略可以帮助企业扩大市场份额，提高销售量，并在市场上建立强大的品牌。

再次，尽管市场份额的增加是一个积极的方面，低成本领导战略可能会对企业的利润率产生负面影响。因为降低价格通常伴随着较低的利润率，企业可能需要在大规模销售下实现盈利，这可能需要高销售量。此外，竞争激烈的市场上，竞争对手也可能纷纷采取类似的低成本战略，导致价格战，进一步压缩利润空间。

最后，股票表现与低成本领导战略密切相关。虽然这种战略可能带来市场份额的增加，但投资者也会关注企业的盈利能力和盈利增长。如果低成本战略导致利润率下降，投资者可能会对企业的长期盈利潜力产生疑虑，从而影响股票价格。

2. 差异化战略

首先，差异化战略是一种企业竞争战略，其核心目标是通过提供独特、高品质或高附加值的产品或服务来赢得高付费客户。这种战略强调了企业在市场中与竞争对手不同之处，以吸引那些愿意支付溢价的客户。

其次，差异化战略的优势在于它可以帮助企业实现更高的价格和利润率。因为差异化产品或服务通常具有较高的附加值，客户愿意为其支付更高的价格。这可以提高企业的盈利能力，并更好地抵御价格竞争的压力。

再次，差异化战略可能会导致市场份额相对较小。因为差异化产品或服务通常面向特定的目标市场，这个市场可能不如大众市场大。这意味着企业的潜在客户基础有限，市场份额可能受到限制。

最后，股票表现通常与差异化战略密切相关。高利润率和较小的市场份额可能会对企业的股票价格产生积极影响。投资者可能会看好企业的盈利能力和长期增长潜力，从而推动股票价格上涨。

3. 创新战略

首先，创新战略是一种企业竞争战略，其核心目标是不断推出新的产品、技术或业务模式，以满足市场需求并保持竞争优势。这种战略侧重于创造独特的价值主张，以吸引客户并赢得市场份额。

其次，创新战略的优势在于它可以帮助企业实现较高的市场份额和利润率。新产品或技术通常具有竞争优势，客户愿意支付更高的价格以获取这种独特价值。这不仅可以增加销售收入，还可以提高企业的利润率。

再次，创新战略还可以帮助企业应对市场竞争的压力。通过不断推陈出新，企业可以保持竞争优势，降低被竞争对手复制的风险。这有助于维护市场份额和盈利能力。

最后，股票表现通常与创新战略密切相关。较高的市场份额和利润率可能会对企业的股票价格产生积极影响。投资者通常看好那些能够持续创新并在市场上保持领先地位的企业，从而推动股票价格上涨。

二、知识差距和新颖性

（一）行业和市场的多样性

1. 行业竞争程度的影响

不同行业的竞争程度可以在很大程度上影响公司的盈利能力和股票表现。一些行业可能存在激烈竞争，导致价格竞争和利润率下降，从而对股票收益造成压力。例如，零售业通常具有高度竞争，各家公司之间争夺市场份额，以低价格吸引顾客。这种竞争可能导致公司不得不降低产品价格，进而影响其盈利能力，从而对股票表现产生负面影响。

相比之下，一些行业可能具有较低的竞争程度，允许公司实现较高的毛利率和盈利能力。在垄断或寡头垄断市场中，公司能够更轻松地控制价格，从而实现高毛利率。例如，某些科技行业中的巨头公司能够通过独特的技术或市场地位来维持高盈利水平。这种情况下，公司的股票收益可能受到积极影响。

2. 市场情境的影响

除了竞争程度，市场的特定情境也会对竞争和股票收益之间的关系产生重要影响。以下是一些市场情境因素的探讨：

第一，市场份额分配。市场中公司之间的市场份额分配可能会影响竞争程度。当一家公司占据主导地位并具有大部分市场份额时，它可能会更轻松地控制价格和盈利。然而，如果市场份额分散，各家公司竞争激烈，价格战可能更为常见。

第二，市场集中度。市场集中度指市场中排名靠前的公司占据的市场份额比例。高度集中的市场可能更容易实现垄断或寡头垄断，从而提高公司的盈利能力。低度集中的市场可能会面临更激烈的竞争，压缩利润空间。

第三，进入和退出壁垒。市场中存在的进入和退出壁垒也会影响竞争程度。如果市场的进入壁垒较高，新公司难以进入市场，现有公司可能较容易地实现高盈利。相反，低进入壁垒可能导致市场竞争激烈，影响股票表现。

3. 不同市场情境下公司的反应

在高竞争市场和垄断市场中，公司可能采取不同的策略来应对市场竞争，这些策略可能影响其股票表现。

在高竞争的市场中，公司可能会竞相降低产品价格，以吸引更多客户。这可能导致毛利率下降，从而影响盈利能力和股票表现。此外，公司可能会加大市场营销和广告支出，以在竞争激烈的市场中保持竞争力，这也会对盈利产生影响。

相比之下，在垄断或寡头垄断市场中，公司可能更容易实现高毛利率，并能够控制价格。他们可能会专注于产品创新和市场扩张，以进一步提高盈利能力。这种情况下，公司的股票表现可能较为积极。

（二）时间因素

市场竞争与股票收益之间的关系受时间因素的影响。这一关系可能会随着时间的推移而发生变化，因此长期研究和时间序列数据研究对于更好地理解其动态变化至关重要。

1. 长期研究

长期研究有助于我们确定竞争对股票表现的长期影响。市场竞争度较高的公司可能需要在竞争中不断调整策略，以保持竞争力。在竞争激烈的市场中，公司可能会面临艰难的经营环境，这可能导致股票收益的波动。然而，随着时间的推移，公司可能会采取一些措施来适应竞争，如降低成本、创新产品或扩大市场份额。这些举措可能会对股票表现产生积极影响。因此，长期研究有助于确定竞争对公司长期价值创造的影响。

2. 时间序列数据分析

时间序列数据允许我们观察竞争与股票价格波动之间的关联。市场竞争度的变化可能会引发股票价格的波动。例如，在某些时期，市场竞争度上升，公司可能因竞争加剧而面临更大的不确定性，导致股票价格下跌。相反，在市场竞争度下降的时期，公司可能因为更轻松地实现高利润而受益，股票价格上涨。通过分析时间序列数据，我们可以识别这种关联，并了解竞争对短期股票价格的影响。

3.市场条件和公司策略的变化

随着时间的推移,市场条件、行业格局和公司策略都可能发生变化,这将影响竞争和股票收益之间的关系。市场条件,如宏观经济状况、利率水平和消费者信心等,可能会影响市场竞争度。公司可能会随着市场情况的变化而调整其竞争策略,这包括定价策略、市场定位和产品创新等。因此,时间因素是一个动态的变量,需要考虑其在不同时间段内对竞争和股票收益之间关系的影响。

(三)竞争战略的细化

1.战略类型的详细研究

未来的研究可以更深入地探讨不同竞争战略对股票表现的影响。竞争战略的细化包括对各种战略类型的更详细研究,例如成本领先战略、差异化战略、聚焦战略等。这些不同类型的战略可能对股票收益产生不同的影响,因为它们在公司经营和市场竞争方面有不同的重点和特点。

首先,成本领先战略着重于降低生产成本,以在市场中提供更具竞争力的价格。这种战略可能会导致较低的产品价格,但通常也随着较低的利润率。未来可以深入研究采用成本领先战略的公司是否能够在市场中获得更大的市场份额,以及这种策略是否对股票收益产生了积极影响。

其次,差异化战略侧重于提供在市场上与竞争对手不同的产品或服务。这种战略通常允许公司定价较高,但也可能导致更高的利润率。未来可以深入研究采用差异化战略的公司是否能够建立忠诚的客户基础,以及这是否对股票表现产生了正面影响。

最后,聚焦战略侧重于服务特定市场细分或客户群体。这种战略可能使公司能够更好地满足特定需求,但也可能限制市场份额的扩大。未来可以研究聚焦战略对股票收益的影响,尤其是在公司选择的市场细分中是否存在增长潜力。

2.行业和市场情境的考虑

在进一步细化竞争战略的研究中,还需要考虑行业和市场情境。不同行业和市场的特点可能导致不同竞争战略有效性的不同。例如,在高度竞争的市场中,成本领先战略可能更具优势,而在差异化程度较高的市场中,差异化战略则可能更为重要。因此,未来的研究可以通过比较不同行业和市场情境中不同竞争战略的表现来确定其相对优势。

3.时间维度的考虑

竞争战略的有效性可能会随时间发生变化,因此需要进行长期研究以观察其影响的演变。同时,短期内市场条件的波动也可能对竞争战略产生影响,因此需要分析时间序列数据以更好地理解其短期影响。

第三章 产品市场竞争对行业股票的影响

第一节 行业竞争度的衡量方法

一、市场集中度指标

市场集中度是一种重要的行业竞争度衡量方法,用于评估市场中公司的分布情况。它通过一系列指标来反映市场中各个竞争者的市场份额和竞争格局,从而帮助分析行业竞争的程度和性质。

(一) CR4 和 CR8 指标

CR4 和 CR8 是用于衡量市场集中度的重要指标,它们在市场竞争分析中起着关键的作用。这两项指标用于评估市场中前四家和前八家公司的市场份额,以便确定市场竞争度的程度和市场结构的性质。

1. CR4 和 CR8 的计算方法

CR4(四家集中度比率):CR4 指标是通过将市场上前四家公司的市场份额相加来计算的。具体计算公式如下:

$$CR4 = \frac{市场份额排名前四的公司的市场份额之和}{总市场份额} \times 100\%$$

CR8(八家集中度比率):CR8 指标是通过将市场上前八家公司的市场份额相加来计算的。计算公式如下:

$$CR8 = \frac{市场份额排名前八的公司的市场份额之和}{总市场份额} \times 100\%$$

2. CR4 和 CR8 的解释

这两个指标的数值表示市场上少数公司的市场份额占总市场份额的百分比。如果 CR4 或 CR8 值较高,说明市场相对集中,前四家或前八家公司在市场中占据主导地位。

这可能暗示着市场存在垄断、寡头垄断或垄断竞争的特征。

高 CR4 或 CR8 值：当 CR4 或 CR8 值很高时，市场通常更加集中，少数公司在市场中拥有更大的市场份额。这可能导致这些公司对市场价格和供应产生更大的控制权。高度集中的市场可能导致价格上涨、竞争减少和市场份额分布不均等问题。

低 CR4 或 CR8 值：当 CR4 或 CR8 值较低时，市场分布较为分散，竞争度较高。这可能暗示市场中存在更多的竞争者，每个公司的市场份额相对较小。低集中度的市场通常更具竞争性，这可能导致价格竞争、创新和市场份额的频繁变动。

3. CR4 和 CR8 的应用

CR4 和 CR8 指标对于投资者、政府监管机构和市场参与者具有广泛的应用。

投资者：可以使用 CR4 和 CR8 来评估特定行业或市场的竞争状况。这些指标可以帮助他们了解竞争格局是否可能对投资决策产生影响，例如，高度集中的市场可能会影响价格稳定性和市场份额。

政府监管机构：使用 CR4 和 CR8 来监控市场竞争度，确保市场的公平和竞争性。高度集中的市场可能引发其对垄断行为的担忧，需要监管机构适时采取措施来维护市场竞争。

市场参与者：可以使用这些指标来制定战略。在高度集中的市场中，他们可能需要更加警惕竞争对手的行为。在分散度较高的市场中，他们可能需要更灵活地应对市场波动和竞争。

（二）集中度比率的解释

市场集中度指标（如 CR4 和 CR8）是用于衡量市场竞争度的关键工具。这些指标衡量了市场上前几家公司的市场份额之和，其数值反映出市场中公司的分布情况。

1. 高集中度比率

当集中度比率的数值较高时，表示市场相对集中，即少数几家公司在市场中占据主导地位。这种情况可能暗示以下情况：

首先，高集中度比率可能表明市场存在垄断特征，其中一家公司或少数几家公司垄断市场。这意味着市场上没有足够的竞争，垄断者可能能够控制价格和供应。

其次，除了垄断之外，高集中度比率还可能表示市场处于寡头垄断状态，即市场由少数几家主要公司主导。这种情况下，市场仍然缺乏足够的竞争，这些主要公司可能会相互影响，制定价格策略。

最后，在高度集中的市场中，少数公司可能会具有更大的定价权。他们可以更自主地决定产品或服务的价格，而不受市场竞争的压力。这可能导致较高的价格水平，不利于消费者购买产品和服务。

2. 低集中度比率

当集中度比率的数值较低时，表示市场分布相对分散，市场竞争度较高。这种情况可能暗示以下情况：

首先，低集中度比率通常表明市场中有更多的竞争者。这可能导致竞争激烈，公司之间不断竞争市场份额和客户。

其次，在分散度较高的市场中，公司可能会采用价格竞争策略，试图通过降低价格吸引客户。这可能会导致产品或服务价格下降，对消费者有利。

最后，低集中度比率通常表现出市场份额分布较为均匀，每家公司的市场份额相对较小。这可能鼓励公司不断创新和改进，以在市场上获得竞争优势。

（三）集中度比率的应用

市场集中度指标是一项重要的工具，对于投资者、政府监管机构和市场参与者都具有广泛的应用。

第一，投资决策。首先，投资者可以利用集中度比率来指导其投资决策。高集中度的市场可能表明较少的公司主导市场，这可能意味着这些公司拥有更大的市场力量，有能力控制价格和市场供应。投资者尤其是在长期投资中可能会考虑这一因素，因为高度集中的市场可能导致较少的竞争和定价压力。其次，低集中度的市场通常具有更多的竞争者，这可能导致价格竞争和更高的市场动态性。投资者可能会更倾向于投资这种市场，并希望通过市场份额的竞争来实现增长。

第二，政府监管。政府监管机构在监控市场竞争度和防止反竞争行为方面起着关键作用。集中度比率是监管机构用来评估市场结构的有力工具。如果市场集中度过高，监管机构可能会采取措施来防止垄断或滥用市场力量的现象，以维护公平竞争和保护消费者权益。这些措施包括反垄断法规和监管审查。

第三，竞争策略。市场参与者可以根据市场集中度来制定竞争策略。在高度集中的市场中，公司可能更加关注市场份额的争夺，因为市场份额对于市场定价和市场影响具有重要意义。竞争者可能会采取定价战略、差异化战略或其他策略在市场中竞争。在低集中度的市场中，竞争更加激烈，公司可能会更加注重产品创新、市场定位和客户服务，以赢得市场份额。

第四，市场分析。市场分析师使用集中度比率来评估不同行业和市场的竞争程度。这有助于他们了解市场的结构和可能的市场机会或挑战。市场分析师还可以为公司提供有关其市场竞争地位的见解，帮助它们制定市场战略。

二、市场份额和市场渗透率

市场份额和市场渗透率是用于评估市场竞争度和市场潜力的两个重要指标。它们对于了解市场结构和公司在市场中的地位至关重要。

（一）市场份额

1. 市场份额的概念与重要性

市场份额是企业在特定市场中的销售额占总市场销售额的比例。这个指标通常以百分比形式表示，对于企业来说，它是一项关键的业绩指标。市场份额反映了企业在市场中的相对规模，对于企业战略制定和竞争分析至关重要。

2. 市场份额的计算方法

市场份额可以使用以下公式来计算：

$$市场份额 = \frac{企业销售额}{市场总销售额} \times 100\%$$

式中，企业销售额是指特定企业在市场中的销售收入；市场总销售额是指整个市场中的总销售收入。

3. 市场份额的意义

高市场份额通常表明企业在市场中具有竞争优势。以下是市场份额的几点重要意义：

首先，竞争力（Competitiveness）。高市场份额是企业在市场中具有竞争优势的明确表现。企业能够吸引更多的客户，实现更多的销售，这反映了其产品、服务和市场策略的吸引力和有效性。竞争力是企业长期生存和繁荣的关键要素，因为它决定了企业是否能够在激烈的市场竞争中脱颖而出。

其次，收益和利润（Revenue and Profitability）。高市场份额通常意味着企业能够实现更高的销售收入和利润。这是因为高市场份额意味着企业销售的产品或服务数量更多，从而增加了总销售收入。另外，高市场份额还可以实现规模经济，降低生产和运营成本，提高毛利润率。高利润率使企业能够投资于研发、市场营销和创新，进一步巩固其市场地位。

再次，市场地位（Market Position）。市场份额的增长有助于企业提高在市场中的地位，并最终成为行业领导者。随着市场份额的增加，企业的品牌知名度和市场影响力通常也会增加。这使得企业能够在市场中有更大的话语权，并影响行业的走向。具有高市场份额的企业通常更容易获得合作伙伴的支持，吸引顶级人才，以及获取更多的资源和资本。

最后，市场份额对企业和市场的重要影响（Overall Impact on Business and Market）。其一，高市场份额可以提高企业的市场稳定性，因为它们拥有更多的客户和收入来源，不容易受到市场波动的影响。其二，市场份额的增长为企业提供了资金和资源，用于研发和创新。这有助于企业不断改进产品和服务，满足客户需求。其三，具有高市场份额的企业通常有更大的定价权，因为它们可以在市场中有更大的影响力，这可能导致更高的利润率。其四，高市场份额可以增加企业的吸引力，吸引投资者和合作伙伴的投资，以支持企业的扩张和增长计划。

（二）市场渗透率

1. 市场渗透率的概念与计算

市场渗透率是指已经使用某种产品或服务的客户数量占潜在客户总数的比例。市场渗透率可以使用以下公式来计算：

$$市场渗透率 = \frac{已使用产品或服务的客户总量}{潜在客户总数} \times 100\%$$

式中，已使用产品或服务的客户总量是指市场中已经采用该产品或服务的客户数量；潜在客户总数是指潜在市场中所有可能采用该产品或服务的客户数量。

2. 市场渗透率的意义

市场渗透率的高低反映了市场的饱和程度，对企业决策具有重要意义：

首先，市场渗透率的意义在于反映市场的潜在增长和发展机会（Market Potential）。低市场渗透率表示市场中仍存在大量未开发的潜在客户。这意味着企业有机会吸引更多的客户，推出新产品或服务，或扩展市场份额。企业可以利用低渗透率市场的潜力来实现增长，并在竞争中脱颖而出。

其次，市场渗透率反映了市场的饱和程度，对企业竞争策略的制定具有深远影响（Competitive Strategy）。高市场渗透率可能导致竞争压力增加。因为市场中的大多数客户已经成为现有企业的客户，新进入市场的企业需要争夺这些有限的客户。这可能导致价格竞争激烈，降低毛利润率，从而对企业的盈利能力构成威胁。

高渗透率市场中的企业可能需要采取差异化策略。由于市场中的产品或服务已经饱和，企业需要创新、提供独特的价值主张，以吸引客户并与竞争对手进行竞争。这可能包括产品创新、品牌建设、客户体验等方面的差异化。

再次，市场渗透率的评估可以帮助企业选择适当的市场进入策略（Market Entry Strategy）。第一，低渗透率市场通常更容易进入，因为有更多未开发的机会。企业可以通过市场扩张或新产品的推出来进入这些市场，相对较少受到竞争压力。第二，高渗透率市场可能需要更具挑战性的进入策略，可能需要更多的资源和投资，以便在竞争激烈的市场中获得份额。企业可能需要考虑与现有竞争对手合作或采取创新的市场定位策略。

最后，市场渗透率的了解对于企业的长期战略决策和资源分配至关重要（Long-term Strategic Decisions）。第一，企业可以根据市场渗透率来确定市场份额的增长潜力。在低渗透率市场，企业可能会更多地投资于市场扩张和产品创新。在高渗透率市场，企业可能更注重客户保留和差异化策略。第二，市场渗透率数据有助于企业确定投资的优先级，以及将资源分配到哪些市场或产品领域。这有助于企业实行更有针对性地增长战略，避免资源浪费。

3. 市场份额与市场渗透率的关系

市场份额和市场渗透率是相关但不同的概念。市场份额衡量了企业在市场中的相对规模，而市场渗透率衡量了市场中已使用某产品或服务的客户比例。两者之间的关系体现在以下方面：

首先，市场份额影响市场渗透率（Market Share Influencing Market Penetration）。当一家企业增加其市场份额时，通常需要吸引更多的客户。这可以通过吸引竞争对手的客户或获得新客户来实现。如果企业成功地吸引了竞争对手的客户，那么这将影响市场渗透率。市场渗透率是市场中已使用某种产品或服务的客户数量与潜在客户总数的比例，因此，如果一家企业成功地吸引了竞争对手的客户，市场渗透率可能会提高。

其次，市场渗透率限制市场份额增长（Market Penetration Limiting Market Share Growth）。在高市场渗透率的市场中，市场已经饱和，大多数潜在客户已经成为现有客户。因此，在这种情况下，市场份额的增长可能会受到限制，因为增加市场份额可能需要从竞争对手那里争夺现有客户，这通常需要大量资源和竞争策略。企业可能需要采取定价策略、差异化策略或更好的客户服务来吸引竞争对手的客户，以实现市场份额的增长。

最后，综合分析（Integrated Analysis）。综合考虑市场份额和市场渗透率数据对于企业的战略制定非常重要。企业需要根据其市场地位、竞争对手、市场阶段和战略目标来分析这两项指标。以下是一些综合分析的要点：第一，市场份额和市场渗透率数据应与行业趋势和竞争情况进行比较，以评估企业的表现和潜在机会。第二，高市场份额可能会带来更多的市场力量，企业能够影响市场价格、规范和标准。第三，低市场渗透率可能表明市场还有增长潜力，但企业需要投入更多的市场开发资源。第四，高市场渗透率可能需要企业采取差异化策略，以在竞争激烈的市场中保持竞争力。

（三）市场份额和市场渗透率的应用和实用性

1. 公司战略规划

市场份额和市场渗透率是公司战略规划的重要组成部分。了解自身市场份额和市场渗透率可以帮助企业确定增长战略、市场定位和竞争策略。企业可以根据市场份额和市场渗透率的数据来优化产品或服务，以满足客户需求并提高市场份额。

2. 市场定位

市场份额和市场渗透率数据有助于企业确定其在市场中的定位。如果市场份额较低但市场渗透率高，企业可能需要重新考虑市场定位策略，以吸引更多的潜在客户。如果市场份额高但市场渗透率低，企业则可以专注于维护现有客户和提高客户满意度。

3. 竞争分析

市场份额和市场渗透率数据不仅适用于企业自身，还可以用于竞争分析。企业可以比较自身市场份额与竞争对手的份额，并分析市场渗透率，以评估竞争地位和潜在机会。这有助于企业了解市场格局，制定更有效地竞争策略。

4. 投资决策

投资者和市场分析师使用市场份额和市场渗透率数据来评估公司的表现和前景。高市场份额和低市场渗透率可能表明潜在增长机会，因此可能会吸引投资者的兴趣。相反，低市场份额和高市场渗透率可能需要更多的竞争分析，以确定公司是否有机会扩大市场份额。

5. 长期竞争优势

在竞争激烈的市场中，市场份额和市场渗透率的监测对于实现长期竞争优势至关重要。企业需要定期跟踪这些指标的变化，以适应市场动态并制定反应策略。通过不断改进产品、服务和市场定位，企业可以在竞争激烈的市场中保持竞争优势。

三、竞争格局分析

竞争格局分析是一种定性方法，用于评估行业内公司之间的竞争关系。这种方法包括对公司的竞争策略、市场定位、产品特点和客户群的分析。竞争格局分析还可以考察市场中是否存在垄断、寡头垄断或竞争激烈的情况。通过深入了解竞争格局，可以更好地分析公司在市场上的竞争地位以及可能存在的市场机会和风险。

（一）竞争格局分析的重要性和方法

竞争格局分析是市场营销和战略管理中的关键工具，用于评估一个行业内公司之间的竞争关系和市场动态。这种分析对于企业制定战略、寻找增长机会以及预测市场趋势至关重要。以下是竞争格局分析的重要性以及一些常用的分析方法。

1. 重要性

第一，帮助企业了解市场。通过竞争格局分析，企业可以全面了解其所在市场的结构，包括主要竞争对手、市场份额分布和市场趋势。这有助于企业更好地理解市场的潜在机会和挑战。

第二，指导战略制定。竞争格局分析可以为企业制定有效地市场战略提供有力支持。通过了解竞争对手的策略、市场定位和产品特点，企业可以更好地选择自己的定位和战略，以获得竞争优势。

第三，预测市场变化。通过持续监测竞争格局，企业可以更好地预测市场的演变和趋势。这有助于企业及时调整策略，以适应市场变化。

2. 分析方法

第一，SWOT 分析。SWOT（Strengths，Weaknesses，Opportunities，Threats）分析是一种常用的竞争格局分析方法。它可以帮助企业识别自身的优势和劣势，以及市场中的机会和威胁。通过对这些因素的综合分析，企业可以确定战略方向。

第二，Porter 的五力分析。迈克尔·波特提出的五力分析模型可以用于评估一个行业的竞争格局。这包括竞争对手的威胁、新进入者的威胁、替代品的威胁、供应商的谈判力和买家的谈判力。通过分析这五个因素，企业可以了解行业的竞争力和吸引力。

第三，Benchmarking 分析。Benchmarking 是将企业与其竞争对手进行比较的过程，以识别自身的优势和改进空间。通过比较竞争对手的绩效、市场份额和策略，企业可以确定改进的重点领域。

第四，PESTEL 分析。PESTEL（Political，Economic，Social，Technological，Environmental，Legal）分析用于评估宏观环境对行业的影响。这种分析会考虑政治、经济、社会、技术、环境和法律因素，有助于企业了解市场的外部环境和潜在风险。

（二）竞争格局分析的关键要素

竞争格局分析涉及多个关键要素，这些要素有助于企业深入了解市场中的竞争关系和机会。

1. 竞争对手分析

竞争对手分析是竞争格局分析的关键要素之一。它涵盖了多个方面，包括：

第一，主要竞争对手的识别。企业首先需要明确在特定市场或行业中的主要竞争对手是谁。这可能包括已在市场上存在的竞争对手以及潜在的新进入者。

第二，市场份额分析。一旦竞争对手被确定，就需要深入了解它们在市场中的市场份额。市场份额是指竞争对手在市场总销售额中所占的比例。这有助于确定哪些竞争对手在市场上具有较大的影响力。

第三，市场定位和战略。企业应分析竞争对手的市场定位和战略。这包括了解竞争对手的目标市场、定价策略、产品组合、促销活动和分销渠道等。通过了解竞争对手的策略，企业可以更好地了解市场动态。

第四，核心竞争力。了解竞争对手的核心竞争力是分析竞争对手的一个重要方面。企业需要识别竞争对手在市场上的优势，并考虑如何应对。这可能涉及差异化策略、技术创新或成本领先。

第五，市场反应和动态。竞争对手分析还需要考察竞争对手对市场变化的反应和动态。这包括了解竞争对手如何应对市场趋势、新产品的推出以及价格竞争等。这有助于企业预测竞争对手的举措并采取相应的行动。

2. 市场份额分析

市场份额分析是竞争格局分析的另一个重要要素，它关注以下方面：

第一，自身市场份额。企业首先需要了解自身在市场中的市场份额。市场份额是指企业在市场总销售额中所占的比例。这有助于确定企业在市场中的地位和影响力。

第二，竞争对手的市场份额。与竞争对手的市场份额进行比较是市场份额分析的关键部分。企业需要了解竞争对手的市场份额大小以及它们在市场中的相应地位。

第三，市场份额变化趋势。市场份额分析还涉及监测市场份额的变化趋势。这可以通过比较不同时间段内的市场份额数据来实现。了解市场份额的变化有助于企业评估其市场份额增长的效果和趋势。

第四，市场份额的地理分布。有时候，市场份额可能在不同地理区域之间有差异。企业需要了解其市场份额在不同地区的分布情况，以确定地区性市场战略。

第五，潜在市场份额。除了了解当前市场份额，企业还应考虑潜在市场份额。这包括了解市场中未开发的潜在机会，以确定市场的增长潜力。

3. 市场定位分析

市场定位分析涵盖了以下关键要素：

第一，目标市场。企业需要明确定义其目标市场，即其产品或服务所针对的受众。这可以包括细分市场、地理位置、年龄、性别、收入水平等方面。

第二，竞争对手的市场定位。分析竞争对手在市场中的定位和受众。了解竞争对手的目标市场有助于企业确定自己的市场定位策略。

第三，独特卖点（Unique Selling Proposition，USP）。企业需要明确其产品或服务的独特卖点，即为什么消费者会选择它们而不是竞争对手的产品或服务。

第四，定位策略。企业需要确定自己的市场定位策略，包括定价、品牌建设、宣传活动和分销渠道。这些策略应与目标市场和竞争对手的定位相一致。

第五，客户需求满足度。了解目标市场的客户需求和偏好，以确保产品或服务能够满足他们的期望。

第六，定位效果评估。市场定位分析还需要评估市场定位策略的效果。这包括了解消费者对产品或服务的认知和接受程度。

第二节 产品市场竞争与行业股票收益的关系

一、市场份额的影响因素

（一）市场竞争格局

市场竞争格局是影响市场份额的关键因素之一。以下是市场竞争格局对市场份额的影响因素：

1. 市场结构

市场的结构是市场份额的决定因素之一。不同市场结构对市场份额有不同的影响。在垄断市场中，一家公司可能占据整个市场的所有市场份额，而在竞争激烈的市场中，市场份额可能分散在多个竞争对手之间。

2. 竞争对手数量

市场中竞争对手的数量会直接影响市场份额的分布情况。竞争对手数量较少时，企业更容易获得较高的市场份额，因为竞争压力较小。相反，竞争对手数量较多时，市场份额可能分散，企业需要采取差异化策略来争取份额。

3. 竞争对手规模

竞争对手的规模也会影响市场份额的分配。较大规模的竞争对手可能拥有更多资源，能够更容易地获得市场份额。小型企业则可能需要依靠创新和差异化来与之竞争。

4. 市场入口壁垒

市场入口壁垒的高低会影响新竞争对手进入市场的难易程度。如果市场入口壁垒较高，现有企业可能更容易维持市场份额，因为新竞争对手难以进入市场。

5. 技术和知识要求

某些市场可能对技术和知识要求较高，这也会影响市场份额的分配。企业如果具备先进技术和专业知识，可能更容易获得市场份额。

（二）产品或服务质量

产品或服务质量是另一个重要的市场份额影响因素。以下是产品或服务质量对市场份额的影响因素：

1. 客户满意度

高质量的产品或服务通常会提高客户满意度，使客户更倾向于选择企业的产品或服务，从而增加市场份额。

2. 口碑和信誉

良好的产品或服务质量有助于企业建立良好的口碑和信誉。这可以吸引更多的客户，并提高市场份额。

3. 重复购买率

高质量的产品或服务通常会提高客户的重复购买率，使企业能够保持或增加市场份额。

二、竞争对手的行为与影响因素

（一）竞争对手的市场策略

竞争对手的市场策略对企业的市场份额和股票表现具有重要影响。以下是竞争对手的市场策略对市场份额和股票收益的影响因素：

1. 价格策略

竞争对手可能采取不同的价格策略，如低价竞争、高价定位或动态定价。这会直接影响客户的购买决策。如果竞争对手降低价格，企业可能需要调整自己的价格以保持市场份额，这可能对盈利能力产生影响。

2. 产品创新

竞争对手的产品创新能力也可以影响客户的选择。如果竞争对手不断推出新产品或改进现有产品，客户可能更倾向于选择他们的产品，从而影响企业的市场份额。

3. 市场推广和广告

竞争对手的市场推广和广告活动可以提高他们的品牌知名度，并吸引更多客户。企业需要考虑如何采取措施与竞争对手的市场推广策略竞争，以维持或增加市场份额。

4. 渠道策略

竞争对手可能选择不同的销售渠道，如线上销售、线下零售或直销。企业需要了解竞争对手的渠道策略，并相应地调整自己的渠道策略以保持竞争力。

5. 客户服务和支持

竞争对手提供的客户服务和支持也可以影响市场份额。高质量的客户服务和及时的支持可能会吸引更多客户，并提高市场份额。

6. 区域扩张

竞争对手可能选择扩大业务覆盖范围，进入新市场或增加现有市场的渗透率。这可能对企业的市场份额产生直接影响，尤其是在竞争激烈的市场中。

（二）新进入者

新竞争对手进入市场可能改变市场竞争格局，对现有企业的市场份额造成威胁。以下是新竞争对手对市场份额和股票收益的影响因素：

1. 竞争加剧

新竞争对手的进入通常会增加市场竞争的强度，导致市场份额分配发生变化。企业可能需要采取措施来应对竞争加剧，以维护或增加市场份额。

2. 产品或服务差异化

新竞争对手可能带来新的产品或服务，具有差异化特点，这会吸引一部分客户。企业需要考虑如何应对这种差异化，并可能需要调整自己的产品或服务以保持竞争力。

3. 市场份额争夺

新竞争对手通常会为了争夺市场份额，采取价格竞争或其他策略来吸引客户。这可能导致企业的市场份额下降，从而对股票收益产生负面影响。

4. 投资和资源需求

企业可能需要增加投资和资源来应对新竞争对手的挑战。这可能对盈利能力产生影响，从而影响股票收益。

三、市场竞争强度与股票收益

市场竞争强度是指所处行业的竞争激烈程度，对于企业的股票收益产生直接影响。以下是市场竞争强度与股票收益之间的关系。

（一）行业竞争强度

在竞争激烈的行业中，企业通常需要投入更多资源来维持或增加市场份额，这可能对盈利能力和股票收益产生压力。投资者可能对竞争激烈的行业感到担忧，这可能导致股票价格下跌。

1. 行业竞争激烈对企业盈利能力的影响

行业竞争激烈通常伴随以下一系列因素，这些因素会对企业的盈利能力产生直接的影响：

第一，价格战的压力。在竞争激烈的市场中，企业可能会被迫采取价格战略，以吸引更多客户。这可能导致产品价格或服务的下降，从而降低毛利率和净利润。企业不得不在维持市场份额的同时保持盈利能力，这对财务状况造成了压力。

第二，高营销成本和销售成本。竞争激烈的市场通常需要企业增加市场推广、广告和销售促销等成本，以吸引和维持客户。这些额外的成本可能降低净利润率，对盈利能力产生不利影响。

第三，较低的定价能力。在竞争激烈的市场中，企业可能难以提高产品或服务的价格，因为客户有更多的替代选择。这意味着企业可能无法充分实现产品或服务的价值，从而影响了盈利能力。

第四，需求不稳定性。行业竞争激烈可能导致市场需求的波动增加。企业可能难以准确预测市场需求，这可能导致库存积压或供需不平衡，进而对盈利能力产生负面影响。

2. 投资者对竞争激烈行业的担忧

投资者通常会对行业竞争激烈表现出一定程度的担忧，这种担忧可能对股票价格产生负面影响。以下是投资者对行业竞争激烈感到担忧的主要原因：

第一，不确定性增加。行业竞争激烈通常伴随着市场不确定性的增加，因为市场份额可能会频繁变动，企业可能需要应对新的竞争对手或市场动态。这种不确定性使投资者感到不安，可能导致卖压增加，从而降低股票价格。

第二，利润前景下降。投资者可能担心竞争激烈的行业中企业的盈利前景。高竞争可能导致较低的净利润率，使投资者担心企业的盈利能力和增长潜力。

第三，资本需求增加。为了在竞争激烈的市场中生存和增长，企业可能需要不断投入资本用于市场推广、研发和扩张等。投资者可能担心企业的资本需求，这可能导致股票价格下跌。

第四，竞争风险。在竞争激烈的行业中，企业可能面临更大的竞争风险，包括市场份额的丧失、客户的流失和品牌竞争。这些风险可能对企业的长期表现产生负面影响，使投资者对股票产生不安情绪。

（二）全球市场竞争

企业在国际市场中的竞争力和市场份额可能受到国际竞争对手的挑战。国际市场竞争可能导致企业面临更多的市场不确定性，这可能对股票价格产生波动。

1. 全球市场竞争与企业挑战

全球市场竞争的加剧对企业的经营和股票表现产生广泛而深远的影响。以下是全球市场竞争对企业的挑战，以及这些挑战可能影响股票价格的因素：

第一，国际竞争对手。企业在国际市场上不仅与本国对手竞争，还与来自全球各地的竞争对手竞争。这些竞争对手可能具有不同的资源、市场洞察力和成本结构。竞争对手的崛起可能对企业的市场份额产生威胁，进而对股票价格产生不利影响。

第二，汇率波动。企业在国际市场上经营时需要处理汇率风险。汇率的剧烈波动可能影响企业的盈利能力，特别是对出口导向型企业。汇率波动的不可预测性可能会增加投资者对股票价格的不确定性的担心。

第三，供应链风险。全球化市场使企业的供应链变得更加复杂。依赖国际供应链的企业可能面临地缘政治、自然灾害或运输问题等风险，这可能对生产和交付产生不利影响。供应链中断可能导致股票的下跌。

2. 企业应对全球市场竞争的策略

企业需要采取一系列策略来应对全球市场竞争，从而最大限度地减少对股票价格的不利影响：

第一，国际市场多元化。企业可以考虑多元化其国际市场存在，以减轻对单一市场的依赖。多元化可以分散风险，并使企业能够更好地应对不同市场的挑战。

第二，风险管理。企业应建立有效的风险管理策略，以减轻市场不确定性和汇率波动带来的影响。这可能包括使用金融工具来对冲汇率风险，以及与国际合作伙伴建立稳固的供应链关系。

第三，全球品牌建设。建立强大的全球品牌可以帮助企业在国际市场上更好地与竞争对手竞争。具备强大品牌的企业通常能够吸引更多国际客户，提高市场份额。

第四，战略合作。与国际市场上的其他企业建立战略合作伙伴关系可以共享资源、技术和市场洞察，有助于增强竞争力。

四、创新和差异化与股票收益

通过不断创新产品或服务，企业可以吸引更多客户，增加市场份额。创新产品通常能够获得更高的价格和盈利能力，从而对股票收益产生积极影响。

（一）创新对股票收益的影响

创新对股票收益的影响可能是积极的，但也可能具有一定的风险。以下是创新如何影响股票收益的方式：

1. 积极影响

首先，通过不断创新和推出新产品或服务，企业可以吸引更多客户，并增加市场份额。这通常会使销售收入增加,从而对盈利能力产生积极影响。投资者通常看好市场份额增长的企业,可能推高股票价格。

其次,创新通常使企业能够提供更高附加值的产品或服务,这可能允许企业定价较高。高价位产品通常有更高的盈利潜力,因此创新有助于提高盈利能力,从而对股票收益产生积极影响。

2. 风险和不确定性

首先,创新通常需要投入大量资源,包括研发、市场推广和生产成本。如果创新项目失败或需要更长时间才能实现回报,那么企业可能会承受较大的财务压力,这可能对股票价格产生不利影响。

其次,新产品或服务的市场接受度是不确定的。即使企业投入了大量资源进行创新,市场也可能不接受或反响一般,从而导致销售不如预期。这种不确定性可能导致投资者对企业的股票感到担忧,引发股价波动。

(二)差异化对股票收益的影响

差异化是指企业通过提供独特的产品或服务在市场中区别于竞争对手。以下是差异化如何对股票收益产生积极影响的方式:

1. 价格弹性

首先,价格弹性衡量了产品或服务的需求对价格变动的敏感程度。它通常用以下公式表示:

$$价格弹性 = \frac{需求变化\%}{价格变化\%}$$

如果价格弹性大于1,即弹性系数大于1,那么需求对价格变动非常敏感,产品被认为是弹性的。在这种情况下,价格上涨可能导致需求显著下降,反之亦然。

如果价格弹性小于1,即弹性系数小于1,那么需求对价格变动不太敏感,产品被认为是非弹性的。在这种情况下,价格上涨可能导致需求下降,但下降的幅度较小。

其次,差异化产品通常很难受到价格竞争的影响,这与其价格弹性有关。以下是关于差异化产品的价格弹性的一些考虑:第一,差异化产品通常具有独特的特点或功能,这使得它们在市场中相对独一无二。因此,消费者对这些产品的需求可能不太敏感,价格变动对其影响较小,价格弹性较低。第二,差异化产品通常伴随着较高的品牌价值。消费者可能更愿意为知名品牌或独特产品支付更高的价格。这增加了产品的价格不敏感性。第三,由于差异化产品不容易与竞争对手的产品直接比较,竞争性定价的压力较小。因此,企业有更多的自主权来维持较高的价格水平。第四,差异化产品通常在品质和性能方面表现出色,这增加了消费者愿意支付高价的可能性。高品质产品通常有更低的价格弹性。第五，差异化产品通常能够建立忠诚的客户基础，这些客户很难受到价格波动的影响。他们更倾向于继续购买独特的产品，即使价格上涨。

最后，价格弹性对企业的市场策略和盈利能力有重要影响。对于差异化产品，企业通常可以更自由地定价，维持较高的价格水平，从而提高盈利能力。然而，企业仍然需要谨慎考虑市场需求和竞争环境，以确保价格策略的有效性。此外，企业可能会利用差异化产品的品牌和独特性来保持长期的市场地位，这有助于稳定股票表现。

2.客户忠诚度

提供差异化产品或服务有助于提高客户忠诚度。客户通常更倾向于购买独特的产品，因为它们满足其特定需求。忠诚客户通常会长期地支持企业，有助于维持市场份额和稳定的收益。

首先，客户忠诚度与差异化产品有关系。第一，差异化产品通常能够满足特定客户群体的独特需求。当客户发现某一产品或服务完全符合他们的需求和偏好时，他们更有可能成为其忠诚客户。第二，差异化产品通常在品质和性能方面表现出色。当客户体验到高品质的产品或服务，并且感到满意时，他们更有可能保持忠诚度，不会轻易转向其他品牌。第三，差异化产品可以建立情感连接。客户可能会对某个品牌或产品产生情感认同感，认为它们代表了特定的价值观或文化。这种情感连接有助于建立长期的忠诚度。第四，差异化产品通常伴随着较高的品牌价值。客户对知名品牌通常更有信心，更愿意与之建立长期关系。

其次，客户忠诚度对企业有影响。第一，忠诚客户通常在较长时期内购买产品或服务，这为企业提供了稳定的收入流。这对企业的财务稳定性和可预测性非常重要。第二，忠诚客户通常称为品牌的忠实支持者，并倾向于向他们的朋友和家人推荐产品或服务。这有助于品牌的口碑传播，吸引新客户。第三，客户忠诚度有助于建立竞争优势。忠诚客户对竞争对手的市场份额威胁较小，因为他们不容易被其他品牌吸引。第四，维护忠诚客户通常比吸引新客户的成本低。因此，客户忠诚度可以降低市场营销和推广的成本，提高盈利能力。

第三节 行业特征对关联性的影响

一、行业周期和市场需求

行业周期指一个行业在一段时间内的发展阶段，通常分为增长、成熟和衰退三个阶段。行业特征的第一个因素是行业周期对关联性的影响。

（一）增长阶段

在行业增长阶段，市场需求通常呈现出强劲的趋势，这对股票收益产生了积极的影响。以下是关于增长阶段的更详细说明：

1. 高市场需求

首先，高市场需求通常意味着市场中存在大量的潜在客户，他们寻求满足各种需求的产品或服务。企业可以通过满足这些需求来吸引新客户，扩大其客户基础。新客户的增加可以为企业带来额外的销售机会，有助于增加市场份额。这种市场份额的扩大通常对企业的盈利能力产生积极影响，因为更多的销售通常伴随着更高的销售收入和利润。

其次，高市场需求还可以帮助企业实现定价优势。在市场需求高涨的情况下，企业通常能够设定相对较高的价格，因为消费者愿意为满足其需求的产品或服务支付更多费用。这有助于提高销售额和利润率，对企业的盈利能力和股票收益产生正向影响。

再次，高市场需求通常伴随着市场增长的机会。在市场需求不断增加的情况下，企业有机会扩大其业务范围，进入新的市场领域，推出新产品或服务。这些增长机会有助于企业实现多元化，并降低对特定市场的依赖，从而降低了风险。

最后，需要注意的是，高市场需求也可能导致市场竞争的激烈化。随着更多的企业进入市场，竞争可能加剧，价格战可能爆发。在这种情况下，企业可能需要投入更多资源来保持竞争力，这可能对盈利能力产生一定的压力。因此，企业需要在积极追求市场需求的同时，也要谨慎评估竞争环境，并制定相应的战略，以确保长期的股票增长。

2. 市场份额增长

首先，市场份额的增长通常与销售增长密切相关。随着市场需求的增加，企业有机会吸引更多的客户，销售更多的产品或服务。这导致销售额的增加，从而有助于企业扩大其市场份额。市场份额的扩大通常反映出企业在市场中的竞争优势，因为它们能够吸引更多的客户，实现更高的销售。

其次，市场份额的增长通常伴随着收入和利润的增加。随着销售的增加，企业的收入也随之增加，这有助于提高企业的盈利能力。利润的增加可以对股票表现产生积极影响，因为投资者通常更倾向于投资盈利能力强劲的企业。

再次，市场份额的增长可以帮助企业实现规模经济效益。随着产量的增加，企业通常能够降低生产成本，实现更高的利润率。这种规模经济效应可能进一步提高企业的竞争力，从而实现股票价格的上涨。

最后，需要注意的是，市场份额的增长可能会受到市场竞争的压力。随着市场需求的增加，其他企业也可能试图进入市场并竞争相同的客户。这可能导致价格竞争和市场份额的波动。因此，企业需要保持竞争力，不断改进产品或服务，以确保能够持续吸引客户并实现市场份额的增长。

3. 投资者信心

首先，市场的增长阶段通常被视为经济繁荣期，投资者对行业前景持乐观态度。在这个时期，公司通常经历销售额和盈利能力的增长，这会鼓舞投资者的信心。他们相信这种增长趋势将持续下去，因此更愿意投资股票，寻求资本增值机会。

其次，市场的增长通常伴随着更多的投资机会。投资者可能看到新的行业领域或发展趋势，认为这些领域具有巨大的增长潜力。他们可能会主动寻找这些机会，投资在具有高增长潜力的股票中，这可以推动股票价格上涨。

再次，市场的增长阶段通常伴随着低利率环境。中央银行通常会采取降息政策来刺激经济增长，这使债券等固定收益投资相对不具吸引力。投资者可能会将资金从固定收益投资转移到股票市场，寻求更高的回报率，从而推高股票价格。

最后，市场的增长阶段还可能吸引外部投资者和国际投资。外国投资者可能寻求进入增长迅猛的市场，这可能导致外资流入，推动市场的增长和股票价格的上涨。

（二）成熟阶段

在行业成熟阶段，市场需求趋于稳定，竞争激烈，对股票收益的影响因素有所不同：

1. 市场饱和

首先，在市场饱和的情况下，企业通常面临更大的竞争压力。由于市场需求相对稳定，企业之间争夺市场份额可能会更加激烈。这可能导致价格竞争，降低产品或服务的售价，从而对企业的盈利能力产生负面影响。在这种竞争激烈的环境中，企业可能会难以实现市场份额的持续增长，这可能降低了股票收益的增长潜力。

其次，市场饱和可能限制了产品或服务的创新和差异化。在市场需求相对稳定的情况下，企业可能认为不太需要投入大量资源进行研发和创新，因为市场已经饱和，新增客户数量有限。这可能导致产品或服务的同质化，使得企业难以吸引高付费客户。缺乏创新和差异化可能对盈利能力和股票收益产生不利影响。

再次，市场饱和可能导致市场份额的争夺主要集中在市场份额的维持上。企业可能更关注保持现有客户、提供客户满意度和忠诚度，而不是追求大规模市场份额的增长。这可能导致市场份额增长的速度减缓，股票收益的增长也相应受到限制。

最后，市场饱和可能意味着市场已经进入成熟周期，公司的增长潜力受到限制。

在这种情况下,投资者可能更关注公司的稳定性和分红政策,而不是高速增长。这可能导致股票价格的波动减小,但也可能限制投资者能够获得的资本增值。

2. 竞争激烈

首先,竞争激烈的市场通常导致价格竞争的加剧。企业可能被迫降低产品或服务的售价,以吸引更多客户或维持现有客户。这可能对盈利能力产生负面影响,因为较低的价格可能减少了利润率。此外,价格竞争还可能引发价格战,导致企业之间的长期盈利能力下降。

其次,竞争激烈可能推动企业不断增加营销和推广活动的支出。企业可能需要增加广告、促销和市场营销活动的投入,以在市场中脱颖而出。这些额外的支出可能对企业的成本结构产生影响,从而影响盈利能力。

再次,竞争激烈可能导致市场份额的剧烈波动。企业可能会不断争夺市场份额,导致市场份额的不稳定。这种不稳定性可能使企业难以规划和执行长期战略,因为市场份额可能在短期内发生较大变化。

最后,竞争激烈可能迫使企业不断进行产品创新。虽然创新对于保持竞争力至关重要,但它也需要大量的资源和投资。如果企业无法跟上竞争对手的创新步伐,可能会失去市场份额,从而影响股票表现。

3. 差异化的重要性

首先,差异化在成熟市场中对企业的生存和成功至关重要。由于市场需求相对稳定,企业之间的竞争激烈,没有明显的增长机会,因此差异化战略是实现盈利能力的关键途径。通过提供独特的产品或服务,企业能够吸引那些追求与众不同的客户,从而建立起忠诚的客户群体。这种差异化有助于企业在激烈竞争中脱颖而出,实现市场份额的增长。

其次,差异化可以提高企业的定价能力。在成熟市场中,价格竞争通常很激烈,企业可能被迫降低产品或服务的价格,以吸引客户。然而,差异化使企业能够给客户提供独特的价值,客户愿意为这种价值支付更高的价格。这有助于企业维持较高的利润率,从而对股票表现产生积极影响。

再次,差异化有助于建立品牌忠诚度。当客户发现某个品牌的产品或服务与众不同且满足其需求时,他们更有可能成为这个品牌的忠实客户,并在长期内保持购买力。品牌忠诚的客户通常不容易受到竞争对手的吸引,这有助于企业稳定其市场份额,并在市场中建立持久竞争优势。

最后,差异化还可以提高市场入口的障碍。当企业通过独特性差异化时,其他竞争者可能难以模仿或超越。这降低了新竞争者进入市场的可能性,从而维护了企业的市场份额和盈利能力。

（三）衰退阶段

在行业衰退阶段，市场需求下降，企业面临更大的挑战，对股票收益产生负面影响的因素包括：

1. 市场缩小

首先，衰退阶段的市场缩小对企业来说可能是一项严峻的挑战。随着市场需求的大幅下降，企业可能会面临销售额下降和盈利能力下滑的压力。这可能导致企业难以维持其市场份额，因为市场总体缩小，竞争更加激烈。

其次，市场份额的增长在衰退阶段通常变得更为困难。由于市场需求下降，企业必须争夺有限的市场份额，而且客户更为谨慎，更倾向于保守型消费。这可能导致企业的市场份额增长速度放缓，与股票表现的相关性减弱。

再次，企业在衰退市场中可能需要采取成本削减措施，以应对销售和盈利的下降。这可能包括裁员、减少生产成本、精简产品线等。这些措施虽然有助于企业应对市场压力，但可能会对员工士气和企业声誉产生负面影响，从而影响股票表现。

最后，衰退市场中的企业可能需要更多地依赖创新和市场定位来寻找增长机会。差异化战略和寻找新的客户群体可能对企业的市场份额增长和股票表现产生积极影响。然而，这也需要企业在市场竞争中找到新的定位，以适应衰退时期的市场变化。

2. 竞争加剧

首先，衰退阶段市场的竞争加剧可能导致价格战的爆发。随着市场需求下降，企业竞争更加激烈，它们可能会试图通过降低产品或服务的价格来吸引更多客户。这种价格竞争可能对企业的盈利能力产生直接负面影响，因为较低的价格通常意味着较低的利润率。

其次，企业在竞争加剧的市场中可能会面临更大的成本压力。为了在竞争激烈的环境中生存，企业可能需要增加营销支出、提供更多的促销活动或改进产品质量，这些都可能导致成本上升。成本上升可能对企业的盈利能力产生负面影响，从而对股票收益产生压力。

再次，竞争激烈可能导致市场份额的剧烈波动。企业之间的市场份额争夺可能会导致市场份额的频繁变化，这可能增加投资者行为的不确定性，因为他们难以预测企业未来的市场地位。投资者通常更喜欢稳定的市场份额增长，因为这通常与可预测的股票表现相关。

最后，竞争加剧还可能导致企业不得不寻求新的增长机会。这可能包括寻找新的市场或扩大产品线以满足不同客户群体的需求。虽然这些举措可能对企业的市场份额增长和股票表现产生积极影响，但也伴随着风险和不确定性。

3. 战略调整

首先，一种常见的战略调整是成本削减。在衰退阶段，企业通常会面临销售额下降和盈利能力下降的挑战。为了维持盈利能力，它们可能会采取各种措施，如减少员工、降低生产成本、缩减营销预算或关闭不盈利的业务部门。这些成本削减举措可能会在短期内改善企业的财务状况，但也可能对员工和运营产生不利影响。

其次，企业可能会寻找新的增长机会。在市场需求下降的情况下，企业需要寻找新的方式来增加销售额和市场份额。这可能包括寻找新的市场领域、推出新产品或服务、扩大市场渗透率或寻找国际市场。然而，这种战略性调整通常需要投资和时间，不一定能够立即产生股票收益的增长。

再次，企业可能会改变其经营模式。在衰退市场中，企业可能需要重新审视其经营模式，以适应新的市场现实。这可能包括改变产品定位、调整价格策略、优化供应链或采用数字化转型。这些调整可能对企业的盈利能力产生积极影响，但也伴随着风险和不确定性。

最后，企业还可以考虑战略合并或收购。通过与其他公司合并或收购其他公司具有互补性的业务，企业可以实现规模效益，降低成本，并扩大市场份额。然而，这种战略性调整通常需要审慎地规划和整合，并可能影响股票价格的短期波动。

二、技术变革

技术创新和变革是许多行业的重要特征之一，它们对行业的关联性产生深远影响。

（一）技术领先者

在某些行业中，技术创新和领先地位确实与股票收益高度相关。以下是关于技术领先者的更详细说明：

1. 市场份额提高

首先，技术领先者在市场中通常能够推出具有创新性的产品或服务。这些产品或服务通常具有独特性、高质量、高性能或其他优势，这使得企业能够吸引更多的客户。例如，一家科技公司推出一款新型智能手机，具有更快的处理速度、更高的相机分辨率和更长的电池续航时间，这可能吸引更多的消费者购买其产品。

其次，随着市场份额的提高，企业通常能够实现更高的销售收入。市场份额的增加意味着公司在市场上销售的产品或服务数量增加，因此总销售收入也相应增加。这对企业的盈利能力产生积极影响，因为更多的销售数量通常意味着更多的利润。

再次，市场份额的提高可以帮助企业更好地分摊固定成本。许多企业在生产和运营过程中有大量的固定成本，如研发、广告、管理和设备维护等。当市场份额增加时，这些固定成本可以分摊到更多的销售额上，从而降低每单位销售的成本。这可以提高企业的毛利率和净利润率，对股票收益产生正向影响。

最后，市场份额的提高还可以增加企业的市场地位和影响力。在市场上具有更大的份额通常使企业更有话语权，可以影响市场动态、定价策略和行业标准。这可以帮助企业更好地应对竞争和市场波动，进一步巩固其竞争优势。

2. 创新溢价

首先，技术领先者通常能够在市场中实现更高的价格。这是因为他们的产品或服务通常具有创新性和独特性，能够满足客户的特定需求或提供更高的性能和价值。在市场中，消费者通常愿意为这些创新性产品或服务支付更高的价格。例如，一家科技公司推出了一款新型智能手机，具有领先的技术特点，消费者可能愿意支付更高的价格购买这款手机，因为它提供了与竞争对手产品不同的独特价值。

其次，创新性产品或服务通常具有较低的弹性需求。这意味着即使价格上涨，需求下降的幅度相对较小。因此，技术领先者可以在一定程度上提高价格，而不会失去太多的客户。这进一步提高了企业的盈利能力。例如，一家医疗设备制造公司开发了一种新型医疗设备，具有更高的准确性和效率，医院可能愿意支付更高的价格购买这种设备，因为它能够提高医疗诊断的质量，从而提高患者的生存率。

再次，技术领先者的创新性产品或服务往往能够吸引高付费客户。这些高付费客户通常更愿意支付溢价价格，因为他们追求卓越的品质、性能或独特性。这有助于企业实现更高的利润率。例如，一家高端汽车制造商推出了一款具有领先技术和豪华卖点的汽车，这款汽车可能吸引一些富裕消费者，他们愿意支付更高的价格购买这款汽车，因为它代表了高品质和卓越性能。

最后，创新溢价有助于推动股票价格上涨。当市场和投资者认识到一家公司在市场中具有技术领先地位，能够实现更高的价格和利润率时，他们通常会对该公司的前景更加乐观。这通常使投资者对该公司的股票表现产生信心，推动股票价格上涨。因此，创新溢价不仅对企业盈利能力有利，还有利于其股票的表现。

3. 持续竞争优势

首先，技术领先者通常在研发和创新方面投入大量资源，以不断改进其产品或服务。这种持续地创新努力有助于确保公司始终处于技术的最前沿。由于技术领先者不断推出新产品、新功能或新技术，他们能够吸引更多的客户，保持市场份额的增长，并实现更高的销售额。这种持续创新使其他竞争对手难以超越，因为他们如果想要赶上技术领先者的创新步伐，通常需要更多的时间和资源。因此，技术领先者能够在市场上建立持续的竞争优势，这对股票收益产生积极影响。

其次，技术领先者通常在市场中拥有更强大的品牌和声誉。他们的产品或服务往往与高质量、卓越性能和可靠性等关联，这有助于吸引更多的客户。高品牌价值使得技术领先者能够在市场上实现更高的价格，提高利润率。此外，强大的品牌也有助于吸引高付费客户，进一步增加盈利能力。品牌和声誉的积累通常需要时间和持续的卓越表现，因此技术领先者能够在长期内维持这种竞争优势。

再次，技术领先者通常在市场中建立了广泛的客户和合作伙伴关系。他们的产品或服务被广泛采用，与其他公私合作伙伴的关系稳固。这使得技术领先者能够更好地应对竞争对手的挑战，因为客户和合作伙伴通常会倾向于继续与技术领先者合作，而不是转向其他供应商。这种客户和合作伙伴的锚定效应有助于技术领先者在市场中保持竞争优势，从而支持股票收益的稳定增长。

最后，技术领先者通常在研发和生产方面具有成本效益。由于他们的规模通常较大，他们可以实现规模经济，降低生产成本。这使得技术领先者能够在市场上提供具有竞争力的价格，吸引更多的客户，并维持盈利能力。同时，成本效益还使得技术领先者能够在价格战中具备一定的抵御能力，因为他们可以轻易地降低价格，而不会严重损害利润率。这种成本效益有助于技术领先者在市场中建立持续的竞争优势，对股票收益产生积极影响。

（二）技术变革分析

技术变革可以改变行业格局，对股票收益产生深远影响。以下是关于技术变革的更详细说明：

1. 颠覆性技术

首先，颠覆性技术是指具有革命性特点的新技术，通常能够迅速改变现有行业的运作方式和规则。这些技术创新通常涉及破坏性的新理念、产品或服务，可以颠覆传统的市场格局。企业在面对颠覆性技术时必须敏锐地意识到其潜在影响，并迅速做出反应。

其次，企业在适应颠覆性技术时，通常需要调整其战略和业务模式。这包括采纳新技术、开发新产品或服务，或者调整市场定位和客户关系。企业需要密切关注市场趋势，了解颠覆性技术的潜在应用和市场机会，并在战略规划中加以考虑。

再次，那些能够灵活应对颠覆性技术的企业通常能够在市场中获得竞争优势。他们可以成为新技术的早期采用者，提前满足市场需求，并在市场中建立稳固的地位。这种竞争优势可能表现为市场份额的增长、盈利能力的提高以及股票价格的上涨。

最后，颠覆性技术对企业的影响可能是深远和长期的。一些公司可能在短时间内受到颠覆性技术的冲击，但随着时间的推移，他们可能能够适应并蓬勃发展。然而，也有一些公司可能会因无法适应新技术而陷入困境，其股票收益可能受到负面影响。因此，对于投资者来说，密切关注企业应对颠覆性技术的方式以及其未来的竞争地位至关重要。

2. 市场不确定性

首先，技术变革通常引发市场的不确定性。当新技术涌现时，投资者通常难以准确预测其将如何影响市场格局和行业竞争。这种不确定性可以表现为市场参与者对于新技术的接受程度、市场份额的重新分配以及新市场机会的出现等方面的疑虑和担忧。投资者对于这些不确定性的反应通常会导致股票价格的波动，因为他们可能会采取谨慎的投资策略，观望市场的发展。

其次，一些公司可能会受益于市场的不确定性。特别是那些能够迅速适应新技术、抢占市场机会的公司可能会在市场不确定性期间脱颖而出。他们可能能够成为市场的早期领导者，吸引更多的投资和客户，从而实现市场份额的增长和盈利能力的提高。这种积极的市场反应可能会推动这些公司的股票价格上涨。

再次，另一些公司可能会受到市场不确定性的不利影响。如果公司不能适应新技术或无法预测市场的发展，可能会失去市场份额，盈利能力可能会受到损害。此外，市场不确定性还可能导致投资者对这些公司的股票表现持谨慎态度，股价可能会下跌。

最后，市场不确定性通常是暂时性的，随着时间的推移，投资者和市场参与者通常会更好地理解新技术的潜在影响，市场也会逐渐稳定下来。因此，投资者需要保持耐心，并考虑长期投资策略，而不是过度受短期市场波动的影响。

3. 机会和风险

技术变革既提供了机会，也伴随着风险。公司需要评估新技术对其业务的影响，并制定相应的策略。成功地把握技术变革可能对企业的盈利能力和股票收益产生积极影响，而未能适应变革则可能导致负面影响。

（1）机会

首先，技术变革为企业提供了巨大的机会。随着新技术的涌现，企业可以在市场上提供全新的产品或服务，满足消费者不断变化的需求。这为企业带来了创新的机会，使其能够开拓新市场、吸引更多新客户，并提高市场份额。成功把握技术变革的公司通常能够实现销售收入和利润的快速增长，这对股票表现产生积极影响。

其次，技术变革还为企业带来了提高效率和降低成本的机会。新技术通常能够改善生产流程、提高产品质量，并减少运营成本。这意味着企业可以提供更具竞争力的价格，并在市场上取得更大的市场份额。通过降低成本，企业可以实现更高的利润率，这对股票的盈利潜力产生积极影响。

最后，技术变革有助于企业拓展全球市场。互联网和数字技术的普及使得企业能够更轻松地进入国际市场，吸引国际客户，并扩大其业务范围。这为企业提供了更多的增长机会，有助于实现多元化和风险分散，对股票收益产生积极影响。

（2）风险

技术变革也伴随着一些风险。

首先，企业必须投入大量资金和资源来采纳新技术和创新。这可能对企业的财务状况产生压力，尤其是在短期内。如果投资不当或无法实现预期的回报，这可能对股票价格产生负面影响。

其次，技术变革可能导致市场竞争加剧。随着更多的公司采纳新技术，市场可能变得更加拥挤，竞争可能更加激烈。这可能导致价格下降、市场份额分散，从而影响企业的盈利能力和市场地位。

最后，技术变革伴随着市场不确定性的增加。投资者和市场参与者通常难以准确预测新技术的市场反应和影响。这种不确定性可能导致股票价格的波动，投资者可能对公司的前景持谨慎态度。

第四章　公司战略应对与股票市场表现

第一节　公司竞争策略与产品市场地位

一、成本领先战略

成本领先战略是企业竞争战略的一种重要类型，旨在通过降低生产成本和经营成本来获得市场竞争优势。这一战略的核心思想是，企业能够以更低的成本生产产品或提供服务，从而能够以更低的价格销售产品或服务，或者在同等价格下提供更高质量的产品或服务。以下是成本领先战略的一些关键要点。

（一）生产效率提升

实施成本领先战略的企业通常会采取一系列措施来提高生产效率，这对于降低单位产品的生产成本至关重要。以下是一些常见的生产效率提升措施：

首先，精细化生产工艺是提高生产效率的重要手段之一。企业可以通过深入分析生产流程和工艺，识别并消除浪费、"瓶颈"和低效率的环节。例如，采用精确的生产计划、质量控制和实时监测系统，以确保生产过程的稳定性和高效性。此外，使用现代的生产管理工具和方法，如精益生产和六西格玛管理方法，有助于持续改进生产效率。

其次，自动化和数字化是提高生产效率的关键因素之一。自动化生产线和智能制造系统可以降低人工干预，减少错误率，并提高生产速度。企业可以投资自动化设备和机器人技术，以完成重复性任务，从而释放人力资源用于更高价值的工作。数字化工具如物联网（IoT）、大数据分析和人工智能（AI）也可以用于监测生产设备的状态，提前预测维护需求，以减少生产中断。

最后，供应链优化对于提高生产效率至关重要。企业可以通过优化供应链管理来确保原材料的及时供应、降低库存成本，并提高交付效率。这包括与供应商建立紧密的合作关系,采用供应链规划工具,以及实施先进的库存管理系统。通过更好地协调供应链中的各个环节,企业可以减少等待时间,降低生产停滞的风险,提高整体生产效率。

(二)市场份额扩展

成本领先企业通常寻求扩大市场份额的方法,因为这样可以进一步分摊固定成本,提高竞争优势。他们可能会进军新市场、拓展产品线或服务领域,以实现市场份额的增长。

1. 进军新市场

首先,成本领先企业通常将进军新市场视为一项重要的战略举措,以实现市场份额的扩展。这种市场份额的扩展可以帮助企业更好地分摊固定成本,降低单位产品的生产成本,并提高整体盈利能力。在实施这一战略时,企业通常会采取多种方法,以适应新市场的特点和需求。

其次,企业可以寻找新的地理市场,这是进军新市场的一种常见方式。这可能包括在全球范围内寻找尚未涉足的国家或地区。在国际市场上扩展业务可能需要克服文化差异、法律法规和市场竞争等难题。企业可能会选择开设新的分公司、合资企业或收购已有的业务,以更好地进入新市场并建立市场份额。

再次,垂直整合也是一种进军新市场的战略。这意味着企业将其供应链扩展到上游或下游市场,以掌控更多的价值链环节。例如,一家制造企业可以选择进军原材料生产领域,以确保供应链的稳定性和原材料的质量。或者,企业可以向下游市场扩展,提供附加值的产品或服务,如售后维修、培训或定制解决方案。这有助于提高客户忠诚度,并为企业创造更多的利润。

最后,进军新市场需要企业认真进行市场调研和竞争分析。了解新市场的需求、竞争格局和客户群体。企业需要开发适应新市场的市场营销策略,可能还需要对产品或服务进行定制以满足新市场的需求。此外,企业还需要评估风险,并制定风险管理策略,以减少进军新市场可能面临的挑战。

2. 拓展产品线或服务领域

首先,企业可以通过推出新的产品或产品线来拓展其市场份额。这是一种常见的策略,旨在满足不同客户群体的需求。通过引入新产品,企业可以在现有市场中吸引更多的客户,并进一步占领市场份额。这需要进行市场调研和产品开发,以确保新产品与市场需求相匹配,并具有竞争优势。

其次,除了产品,企业还可以考虑提供附加值的服务,以增强客户忠诚度并扩展市场份额。这些服务可以包括售后支持、培训、定制解决方案、维护和保养等。通过提供卓越的服务，企业可以与客户建立更紧密的关系，促使客户更频繁地购买其产品，并推荐给其他潜在客户。这有助于增加市场份额，并创造更多的销售机会。

再次，企业在拓展产品线或服务领域时需要进行市场定位和品牌管理。了解目标市场的需求和竞争格局是至关重要的。企业需要确定自己的竞争优势，以确保新产品或服务能够在市场上获得成功。此外，品牌管理也是关键，企业需要确保新产品或服务符合其品牌形象和价值观。

最后，拓展产品线或服务领域需要适当的资源和管理。企业可能需要投资研发、生产能力、人力资源和市场推广等方面，以支持新产品或服务的推出。同时，企业还需要建立有效的分销渠道，确保新产品或服务能够迅速进入市场并获得广泛的曝光。

3. 收购和合并

首先，收购竞争对手是一种常见的战略，可以帮助成本领先企业整合市场份额，减少竞争，实现更高的市场份额。通过收购竞争对手，企业可以获得其现有客户基础、技术、知识和市场份额。这有助于减少市场上的竞争压力，提高企业在供应链中的谈判地位，并降低生产成本。

其次，与其他公司进行战略合并是另一种扩展市场份额的策略。合并可以创造更大的市场份额，并实现协同效应，提高整体盈利能力。通过合并，企业可以整合资源、技术和市场知识，以更好地满足客户需求，提高产品或服务的质量，并降低生产成本。此外，合并还可以带来规模经济，使企业更具竞争力。

再次，在考虑收购或合并时，企业需要进行充分的尽职调查和风险评估。这包括评估目标公司的财务状况、市场地位、知识产权和法律义务等方面。企业需要确保合并或收购的决策符合其长期战略目标，并且可以创造股票价值。

最后，合并或收购可能需要面临一些挑战，包括整合难题、文化冲突和法律法规的遵从。因此，企业需要制订详细的整合计划，并确保员工和管理团队能顺利过渡。

4. 创新和差异化

首先，创新是成本领先企业扩展市场份额的关键策略之一。通过不断开发新的技术、产品或服务，企业可以吸引更多的客户，并赢得市场份额。创新可以体现在多个方面，包括产品功能、设计、性能、生产工艺等。通过提供独特的创新产品，企业可以满足客户不断变化的需求，从而在市场中获得竞争优势。此外，创新还可以降低生产成本，提高生产效率，进一步增强成本领先地位。

其次，建立强大的品牌形象也是扩展市场份额的重要策略之一。品牌是企业在市场中的身份和声誉，具有巨大的影响力。通过建立具有高度识别度和价值的品牌，企业可以吸引更多的客户，并保持他们的忠诚度。品牌形象可以通过广告、市场营销、产品质量和客户体验来塑造。一个强大的品牌形象可以让企业在市场中脱颖而出，与竞争对手区分开来，从而赢得更多市场份额。

再次，成本领先企业可以通过创新和差异化相结合的策略来扩展市场份额。这意味着企业不仅要降低生产成本，还要提供独特和高质量的产品或服务。这种策略结合了成本优势和差异化优势，可以满足不同类型客户的需求，从而扩大市场份额。例如，企业可以开发具有独特功能的产品，同时保持具有竞争性的价格，以吸引更广泛的客户群体。

最后，为了成功实施创新和差异化策略，企业需要投入足够的研发资源、市场营销成本和品牌建设成本。此外，企业还需要不断监测市场和竞争对手的变化，以及时调整战略。创新和差异化是动态的过程，需要不断迭代和改进，以保持竞争优势并扩展市场份额。

（三）创新与技术投资

首先，技术创新对于成本领先企业至关重要。通过不断创新生产技术和工艺，企业可以提高生产效率，降低生产成本，实现更高的生产能力。这种技术创新可以涵盖多个领域，包括设备生产、材料科学、自动化系统和信息技术。举例来说，制造业中的3D打印技术已经革新了产品制造方式，使得生产更加灵活、高效，并且能够减少废料和库存。

其次，技术创新还可以改进产品设计和质量控制。通过采用先进的设计工具和仿真技术，企业可以更好地理解产品性能，并在产品设计阶段发现和解决问题，从而避免生产过程中的重大故障。这不仅有助于提高产品质量，还可以减少成本，因为生产中的缺陷通常会导致废品和返工，增加生产成本。

再次，投资于自动化和智能化技术可以显著提高生产效率。自动化生产线、机器人和物联网设备可以执行重复性任务，减少对人工劳动力的需求，降低劳动力成本。智能化系统还可以监控生产过程，及时检测和纠正问题，从而提高了生产质量和一致性。这些技术的投资不仅提高了生产效率，还可以提高生产线的稳定性和可靠性，降低了停工和维护成本。

最后，技术创新还可以改善供应链管理。通过采用先进的供应链管理系统和物流技术，企业可以更好地协调供应、生产和分销环节，减少库存和交付时间，提高供应链的效率。这有助于降低库存成本、减少废品和降低交付成本，从而降低总体生产成本。

二、专注战略

专注战略是一种将资源集中在特定市场细分或产品领域的竞争战略。企业通过专注于有限的市场或产品,寻求在这些领域建立竞争优势。以下是专注战略的一些关键要点。

(一)深度专注

企业需要在选择的市场或产品领域深度专注。这包括了解客户需求、市场动态和不断改进产品或服务。

1. 客户需求的理解

首先,客户需求的理解对企业至关重要。深度专注使企业能够更全面地了解客户的需求和期望。这不仅包括客户对产品或服务的基本要求,还包括对品质、性能、价格、品牌声誉、客户服务和售后支持等方面的期望。通过与客户建立密切的关系,企业可以更深入地探索客户的需求,包括那些可能未被客户明确提出的需求。

其次,深度专注使企业能够更好地了解客户的偏好。客户的偏好包括产品特性、外观设计、购物体验等。企业可以通过市场研究、消费者反馈和数据分析来识别客户的偏好,并根据这些偏好来定制产品或服务。例如,一家餐饮企业可以通过了解客户对口味、食材来源和用餐环境的偏好,调整菜单和提供更具吸引力的用餐环境,从而提高客户满意度。

再次,通过深度专注,企业可以更好地了解客户的痛点。客户的痛点是指他们在使用产品或服务过程中可能遇到的问题、困扰或不满意的方面。通过深入了解客户的痛点,企业可以寻找解决方案,改进产品或服务,并提供更好的客户体验。例如,一家电子产品制造商可以通过客户反馈了解到产品易损坏的问题,然后改进产品设计以提高耐用性,减少客户的痛点。

最后,深度专注还能帮助企业了解客户需求的变化。市场和客户需求不断变化,企业需要保持对这些变化的敏感性。通过与客户建立持续的关系,企业可以更好地捕捉客户需求的变化,并及时做出调整。这有助于企业保持市场竞争力,满足客户不断变化地需求。

2. 市场动态的洞察

首先,市场趋势的洞察对企业至关重要。市场趋势是指在一段时间内市场发展的方向和倾向,它们涉及产品需求、消费行为、市场规模、竞争态势等多个方面。通过深度专注,企业能够更早地识别市场趋势,并根据这些趋势调整战略。例如,随着可持续发展理念的兴起，一些汽车制造商转向生产电动汽车，以满足消费者对环保汽车的需求。

其次，对新技术保持敏感是企业成功的关键。技术的不断进步可以改变行业的规则，创造新的市场机会，也可能淘汰传统业务模式。深度专注使企业能够更早地识别新技术的出现，并评估其对企业的潜在影响。例如，智能手机的出现对传统相机市场产生了巨大冲击，使一些相机制造商不得不调整产品线或发展智能手机摄影技术。

再次，法规和政策的变化也可能对企业产生重大影响。各国家和地区的法规环境在不断演变，可能对产品标准、市场准入、税收政策等方面进行调整。企业需要密切关注这些法规变化，确保自己的经营活动合法合规。深度专注使企业能够更早地了解法规变化，并制定相应的应对策略，以规避法规风险。

最后，深度专注有助于企业更好地捕捉市场机会和挑战。通过与市场保持密切联系，企业可以更早地发现潜在的商机，并迅速采取行动。同时，他们也能更好地识别市场中的竞争威胁，并制定相应的竞争策略。这种敏捷性和及时性可以使企业更好地应对市场的波动，保持竞争优势。

3. 产品或服务的不断改进

首先，深度专注使企业更容易收集客户反馈并将其转化为产品或服务的改进。通过与客户建立紧密的关系，企业可以更深入地了解客户的需求、痛点和期望。他们可以主动向客户寻求反馈，或者通过市场调研、客户调查等方式获取有关产品或服务的信息。这种反馈和信息对于产品或服务的不断改进至关重要，可以帮助企业提供更符合客户期望的解决方案。

其次，深度专注有助于企业更好地把握市场趋势和竞争对手的动态。企业可以通过分析市场上的新兴趋势和竞争对手的行动来发现改进机会。例如，如果竞争对手推出了新的功能或特性，企业可以借鉴这些创新，努力超越竞争对手，提供更出色的产品或服务。深刻理解市场动态还可以帮助企业在市场中保持领先地位，不断推出有竞争力的产品或服务。

再次，深度专注有助于企业更好地利用内部资源进行改进。企业可以集中资源，专注于改进关键领域，以确保效率和效益的提高。例如，一家制造企业可以专注于提高生产线的效率，以降低成本并提高产品质量。一家软件公司可以专注于软件功能的改进，以提供更好的用户体验。深度专注有助于企业明确优先事项，并集中精力进行改进，以更好地满足客户需求。

最后，不断改进产品或服务有助于企业保持竞争力。市场竞争激烈，客户的需求和期望不断演变，因此企业需要不断创新和改进，以满足市场的需求。通过深度专注，企业可以更好地理解客户需求和市场趋势，更迅速地做出改进，并持续提供高质量的产品和服务。这有助于企业在竞争激烈的市场中保持竞争优势，并实现长期的成功。

（二）成本领先

通过成本领先战略，企业致力于在其所在行业中以更低的生产或运营成本生产产品或提供服务。这意味着企业能够以更具竞争力的价格向客户销售产品或服务，从而吸引更多的客户，扩大市场份额，并实现盈利能力的提高。

首先，成本领先战略的关键在于降低生产成本。企业可以通过提高生产效率、优化供应链、采用先进的生产技术以及规模经济效应来实现成本的节省。规模经济效应是指生产规模扩大时，单位产品成本下降的现象。这意味着大规模生产的企业通常能够以更低的成本生产产品，从而实现成本领先。

其次，成本领先战略通常要求企业在生产和运营方面精益求精。这包括精确管理生产过程、控制库存成本、降低废品率以及寻求供应商协同。通过这些措施，企业可以降低生产和运营中的浪费，从而降低总体成本。

再次，成本领先战略还可以涵盖产品或服务的标准化。标准化有助于简化生产过程，减少变化和定制的成本，使企业能够以更低的成本大规模生产标准化产品。这在一些行业中特别有效，如汽车制造业和电子制造业。

最后，成本领先战略要求企业在市场中不断追求效率和降低成本。这需要持续地调整和改进，以确保企业始终保持竞争优势。

（三）增长机会

专注战略的企业通常寻求在其选择的市场细分中发现增长机会。这可以通过开发新产品、扩大市场份额或进军相关领域来实现。

1. 新产品开发

专注于特定市场细分的企业更容易识别新产品或服务的机会。通过深入了解客户需求和市场动态，他们可以更好地满足市场未满足的需求，并推出新产品以满足这些需求。这种新产品开发有助于企业扩大其产品线，吸引新客户并提高市场份额。

2. 市场份额扩大

专注战略通常涉及在已有市场中扩大市场份额。企业可以通过提供更具吸引力的产品或服务、改善客户体验或采取市场份额争夺策略来实现这一目标。通过增加市场份额，企业可以实现销售增长，并在所选市场细分中建立更强大的地位。

3. 进军相关领域

专注战略的企业有机会进一步扩大业务，进军与其核心市场或产品相关的领域。这可以通过收购、合作伙伴关系或新业务线的开发来实现。通过在相关领域寻求增长机会，企业可以降低市场集中度和风险，同时扩大其影响力和市场存在感。

第二节　公司治理与市场反应

一、董事会结构和决策制定

（一）董事会的角色与职能

1. 董事会在公司治理中的关键角色

董事会在公司治理结构中扮演着关键角色，其重要性不可忽视。它是公司最高决策机构，对于确保公司的长期稳健经营和有效管理至关重要。以下是董事会的主要职能：

第一，制定公司的长期战略方向。董事会负有制定和审批公司的长期战略方向的职责。这包括确定公司的愿景和使命，规划未来的增长路径，以及评估风险和机会。通过明智地战略决策，董事会可以确保公司在竞争激烈的市场中保持竞争力。

第二，监督公司高级管理层。董事会负责监督公司的高级管理层，包括首席执行官（CEO）和其他高管。他们的任务是确保管理层有效履行其职责，实现公司的战略目标，以及管理公司的风险。通过审查和评估管理层的表现，董事会可以提高公司的绩效水平。

第三，审核和批准财务报告。董事会负有审核和批准公司的财务报告和财务计划的责任。这确保了公司的财务透明度和合规性。董事会需要确保公司的财务报告准确反映公司的财务状况，并遵守相关法律法规和会计准则。

第四，确保公司合规运营。董事会需要确保公司遵守所有适用的法律法规和道德准则。他们负有监督公司的合规性的责任，以防止不当行为和潜在的法律风险。这有助于维护公司的声誉和可持续发展。

第五，评估和管理公司的风险。董事会需要识别、评估和管理公司面临的各种风险，包括战略风险、市场风险、法律风险等。他们需要确保公司有适当的风险管理策略和计划，以减轻潜在的不利影响。

2. 董事会的决策和市场反应

董事会的决策对市场反应产生深远影响。市场通常根据董事会的决策来评估公司的未来前景和绩效，从而影响股价和投资者信心。

董事会的战略决策，如并购、扩张计划或新产品推出，可能导致股价的波动。市场通常会对这些决策做出积极或消极的反应，具体取决于市场对决策是否明智和公司是否能够成功执行的态度。

此外，董事会的绩效监督和公司的财务报告审查也直接影响市场对公司的信心。如果市场相信董事会能有效地监督公司高级管理层，并且公司的财务报告是准确和透明的，那么投资者更有可能对公司抱有信心，股价可能受到积极影响。

（二）董事会的独立性

1. 独立董事的角色与职能

独立董事在公司治理中扮演着至关重要的角色。他们的主要职责是确保董事会的独立性，代表股东的利益，监督公司管理层的行为，以及确保公司遵守法律法规。以下是独立董事的主要职能：

第一，代表股东利益。独立董事的首要职责之一是代表公司股东的利益。他们需要保护股东的权益，确保公司的经营活动符合股东的长期利益，而不是个人或短期利益。

第二，监督高级管理层。独立董事负有监督公司高级管理层的责任。他们需要确保管理层有效地履行其职责，实现公司的战略目标，并维护公司的财务状况正常。如果有不当行为或绩效不佳，独立董事有责任提出疑虑并采取行动。

第三，制定决策。独立董事通常参与董事会的决策制定。他们的独立性和客观性有助于确保决策不受内部利益冲突的干扰，从而提高决策的质量和公平性。

第四，监督合规性。独立董事需要确保公司的经营活动符合适用的法律法规和道德准则。他们通过审查公司的合规性程序和报告来监督合规性，减少公司面临的法律风险。

2. 独立董事的重要性

独立董事的存在对于公司治理和市场反应具有深远的重要性。以下是独立董事的重要性：

第一，减少内部利益冲突。独立董事的独立性有助于减少董事会内部的利益冲突。如果董事会成员过于依赖公司管理层或其他内部利益，可能会导致决策偏袒内部利益，损害公司的整体利益。独立董事的存在有助于维护决策的客观性。

第二，提高透明度。独立董事有助于提高公司的透明度。他们作为独立的监督者，确保公司的决策过程是公平的，并向投资者提供可靠的信息。这有助于市场投资者更好地了解公司的经营状况，提高对公司的信心。

第三，降低不当行为风险。独立董事的存在可以降低公司内部发生不当行为的风险。他们通过监督公司的内部程序和管理层的行为，发现和纠正潜在的不当行为，从而维护公司的声誉和道德标准。

（三）决策制定的透明度

1. 透明度的定义

透明度是指公司主动向外界披露与其经营、治理和财务状况相关的信息，以便外部利益相关者更好地了解公司的内部运作和决策过程。透明度包括财务透明度、决策透明度和信息透明度等方面。

2. 透明度的重要性

透明度对公司治理和市场反应具有多重重要性：

第一，增强市场信心。透明度有助于市场投资者更好地了解公司的运作方式和决策过程，提高他们对公司的信心，促使他们更积极地投资。

第二，支持投资决策。投资者需要准确的信息来评估公司的绩效和风险，以便做出投资决策。信息披露使投资者能够持续看好公司的潜力和前景。

第三，降低不确定性。充分的透明度有助于降低市场不确定性，减少投资者对公司的偏见和猜测，从而提高市场的稳定性。

第四，维护声誉。透明度有助于公司建立良好的声誉，吸引更多的投资者和合作伙伴，推动公司的可持续发展。

第五，遵守法律法规。许多法律法规要求公司必须提供特定类型的信息和透明度，以确保合规性并保护投资者的权益。

3. 实现透明度的方式

为了提高透明度，公司可以采取以下方式来披露信息：

第一，定期财务报告。公司应当定期发布财务报告，包括年度报告、季度报告和财务业绩摘要。这些报告应包括公司的财务状况、经营绩效、现金流量和重要财务指标。

第二，公司政策和程序。公司应该向外界披露其治理政策、道德准则、股东权益政策以及与决策制定有关的政策和程序。这有助于投资者了解公司的治理和决策原则。

第三，会议记录和决策备忘录。公司董事会和高级管理层的会议记录和决策备忘录应该记录关键决策和讨论内容。这些记录可以提供决策制定的透明度，以及决策达成的过程。

第四，公开沟通。公司应积极与投资者、分析师和媒体进行沟通，解答他们的问题，提供信息和见解，以增加透明度。公开沟通可以加强公司与外部利益相关者的关系。

二、股权激励和公司绩效

（一）股权激励计划

1. 股权激励计划的概念与形式

股权激励计划是一种广泛应用于公司治理领域的工具，旨在通过将管理层和员工的利益与公司的股东利益相结合，激励他们更加努力地工作，为公司创造长期价值。这些计划的形式多种多样，包括以下几点：

第一，股票期权（Stock Options）。员工获得购买公司股票的权利，通常以特定价格（行权价）购买，在未来某个日期行使。如果公司股价上涨，员工可以以较低价格购买股票，并在市场价格上涨时获利。

第二，股票奖励（Stock Grants）。员工获得公司股票，通常不需要支付。然而，这些股票通常受到特定的"归属期"或"归属条件"的限制，员工必须在一段时间内或在达到特定目标后才能获得完全的所有权。

第三，绩效股票（Performance Shares）。公司计划将股票授予员工，但能否获得所有权取决于公司在特定绩效指标上的表现，例如股价增长率、营收目标或盈利能力。如果公司达到或超过这些目标指标，员工将获得完整的股票。

2. 股权激励计划的目的

股权激励计划的主要目的是：

第一，激励员工和管理层。通过将员工和管理层的报酬与公司的股价和绩效相关联，激励他们更加专注于公司的长期发展。这可以帮助吸引和保留高素质的人才。

第二，与股东利益对齐。股权激励计划将员工和管理层的利益与公司股东的利益直接联系在一起。如果公司的股价上涨，员工和管理层将获得更高的回报，与公司的股东一样分享成功。

第三，促进长期增长。由于股权激励计划通常包括潜在的未来回报，员工和管理层更有动力追求公司的长期效益增长和可持续成功，而不仅仅是短期盈利。

（二）公司绩效与股价关联

公司的绩效通常与其股价表现密切相关。股东通常根据公司的财务表现、战略执行情况和市场地位来评估公司的价值。股权激励计划可以激励管理层追求公司长期发展，提高股价，从而获得更高的回报。这也使市场投资者更关注公司的绩效和管理层的决策。

1. 财务绩效与股价

首先，财务绩效是投资者关注的重要因素。投资者通常会仔细研究一家公司的财务报告，包括营收、盈利、现金流等财务指标。这些指标可以反映公司的盈利能力、财务稳健性和成长潜力。一家公司如果能够连续多年实现盈利增长、保持良好的现金流状况，并提供高回报率，通常会受到投资者的青睐。这些强劲的财务表现可以增加投资者对公司未来发展的信心。

其次，财务绩效对股价有直接影响。一家公司的股价通常会受到其财务表现的影响。当公司财务表现良好时，投资者倾向于认为这家公司有潜力实现长期增长，因此愿意购买其股票，从而推高股价。相反，财务不佳或困难的公司可能会引起投资者的担忧，导致股价下跌。因此，股价通常会反映出公司的盈利能力和财务稳健性。

再次，财务绩效可以影响公司的市场地位。一家表现优秀的公司通常能够吸引更多的投资和资源，从而增强其市场地位。这可以表现为公司能够扩大市场份额、推出新产品或服务、进行并购或投资研发等。这些举措可以进一步提高公司的盈利能力和未来增长潜力，从而对股价产生正向影响。

最后，市场投资者通常根据财务绩效来评估公司的价值。一种常见的估值方法是基于财务指标来确定公司的内在价值，然后将其与当前股价进行比较。如果公司的财务表现超过了市场预期，投资者可能会认为该公司被低估，股价可能会上涨。相反，如果财务绩效不佳，投资者可能会认为该公司被高估，股价可能会下跌。

2. 战略执行与股价

首先，成功的战略执行可以增强市场对公司的信心。当一家公司成功实施其战略计划，实现业务目标和增长预期时，投资者通常会对其前景感到乐观。他们相信该公司的管理层能够有效地执行战略，这可能会导致更多投资者愿意购买该公司的股票，推高股价。成功的战略执行通常伴随着增长、盈利能力提高以及市场份额扩大，这些因素都对股价产生正向影响。

其次，战略执行不佳可能引发投资者担忧。如果一家公司未能有效地执行其战略计划，未能实现预期的业务目标，或者频繁改变战略方向，投资者可能会感到不安。这可能会导致股价下跌，因为投资者担心该公司的长期增长潜力受到威胁。战略执行不佳可能表现为盈利能力下降、市场份额减少、高管团队的不稳定性以及内部管理混乱，这些因素都对股价产生负面影响。

再次，市场通常会对战略目标的实现产生反应。当一家公司能够按计划实现其战略目标时，这通常会被视为市场表现良好的信号。例如，如果一家公司成功扩大市场份额、推出新产品、进入新市场或提高盈利能力，投资者通常会对这些成就感到满意，股价可能会受到提升。相反，未能实现战略目标可能会导致投资者失望，股价可能会下跌。

最后，战略执行与长期股价表现之间存在密切关联。一家公司的战略执行水平通常会影响其长期股价表现。成功的战略执行可以推动该公司持续增长，提高长期股价。相反，战略执行不佳可能导致该公司长期增长受限，股价走势疲弱。

3.市场地位与股价

首先，公司在市场中的地位与其股价密切相关。一家公司如果在其所在的行业或市场中具有垄断地位、领先地位或其他竞争优势，投资者通常更愿意投资该公司的股票。这是因为公司的市场地位强大通常意味着更高的盈利潜力和较低的风险。具有强大市场地位的公司往往能够更好地抵御竞争压力，保持较高的毛利率，从而推动股价上涨。

其次，市场地位的稳固性与股价的稳定性相关。如果一家公司的市场地位相对稳定，不容易受到竞争者的侵蚀，投资者通常更有信心，并愿意长期持有其股票。这可以为该公司带来更为稳定的股价表现，因为投资者不太担心其市场份额的大幅下降或盈利能力的急剧下降。相反，市场地位不稳定的公司可能会面临更多的市场波动，股价也更容易受到影响。

再次，市场地位的改变可能对股价产生显著影响。如果一家公司的市场地位发生积极变化，例如扩大市场份额、进军新市场或推出具有竞争优势的新产品，这可能会受到投资者的热烈欢迎，推高股价。相反，如果公司的市场地位受到侵蚀，可能会导致股价下跌。投资者通常会密切关注公司的市场地位动态，以评估其未来的增长潜力和风险。

最后，市场地位与公司的盈利能力直接相关。具有强大市场地位的公司通常能够实现更高的盈利能力，因为他们可以更好地控制价格、管理成本，并吸引更多的客户。高盈利潜力通常会吸引更多的投资者，推动股价上涨。相反，失去市场地位的公司可能会面临盈利下滑的风险，这可能会导致股价下跌。

三、公司治理的重要性

（一）保护投资者权益

公司治理在保护投资者权益方面发挥着关键作用。通过强调透明度、问责制和股东权益的重要性，公司治理确保了公司不会滥用权力，损害投资者的利益。这对市场的健康运作至关重要。以下是公司治理保护投资者权益的一些方式。

1.信息披露

公司应当及时、准确地向投资者披露财务信息、关键风险和决策过程。这确保投资者能够获得足够的信息来明智地评估其投资的风险和潜在回报。信息披露不仅包括财务报告，还包括对战略规划、市场前景和风险的分析说明。透明的信息披露有助于建立投资者信任，提高市场的透明度，降低信息不对称可能引发的问题。

2. 独立性

公司治理原则强调了董事会的独立性。这包括独立董事和独立审计。独立董事是不受公司高管控制或影响的个人，他们的责任是代表股东利益，评估公司的绩效，监督高级管理层，制定决策并确保公司遵守法律法规。独立审计师负责审计公司的财务报告，确保财务信息的准确性。独立性有助于确保管理层不会操控信息或决策，维护了股东权益。

3. 问责制

公司治理要求建立有效的问责制度。这意味着管理层对其行为和绩效负有责任，并有可能被解雇或追究法律责任。问责制度确保了高管和董事会的决策符合公司最佳利益和股东权益。如果管理层未能履行其职责或出现不当行为，他们可能会面临解雇或法律诉讼的后果。这种问责制度增强了投资者对公司的信心，使他们相信公司将以负责任的方式管理其投资。

（二）提高市场竞争力

公司治理不仅是为了满足法规要求，还可以提高公司的市场竞争力。以下是公司治理提高市场竞争力的几个原因。

1. 决策制定效率

高效地决策制定是提高市场竞争力的关键因素之一。公司治理可以通过建立透明、高效地决策流程来促进这一点。一个明确的决策制定流程，明确的责任分工和迅速的决策执行，可以使公司更快地应对市场变化和竞争压力。在竞争激烈的市场中，迅速作出明智的决策可能是取得竞争优势的关键。

2. 管理层激励

透明的激励计划是吸引和激励高素质管理层的关键工具。公司治理原则要求公司建立激励计划，将管理层的绩效与公司的长期战略目标相结合。这种激励机制可以确保管理层致力于公司的长期发展，而不是短期利益。高素质的管理层在制定和执行竞争性战略方面发挥着关键作用，从而增强了公司的市场竞争力。

3. 投资者信任

公司治理原则的遵循有助于建立投资者对公司的信任。透明度、问责制和独立性等原则可以确保公司不会滥用权力，损害股东的利益。投资者通常更愿意投资那些具有良好治理记录的公司，因为他们相信这些公司更有潜力取得成功。这种信任可能给公司带来更多的投资，提高公司的资本可用性，使其能够更好地投资于创新、市场扩张和其他竞争性举措，从而增强市场竞争力。

第三节　公司战略变化与股票波动

一、并购和收购活动

（一）并购活动的影响

公司进行并购活动时，通常会影响到其股票价格。并购可以是收购其他公司，也可以是合并。股东通常会关注以下因素。

1. 收购价格

首先，价格合理性。公司进行并购或收购时，决定支付的价格是一个关键因素。价格合理性对于公司的股价产生直接的影响。当市场和股东认为收购价格合理时，通常会对公司的股价产生正面影响。这是因为价格合理性意味着公司在交易中获得了对等的价值或潜在的增长机会。投资者通常会对这样的交易持积极态度，认为公司未来的盈利潜力增加，因此股价可能上涨。

其次，过高的价格。如果公司支付的收购价格被市场认为过高，股价可能下跌。这可能是因为高昂的价格可能导致对被收购公司的未来贡献被高估。投资者可能会对交易的价值产生疑虑，担心公司无法获得足够的回报来抵消高昂的成本。因此，股价可能受到负面影响，反映出对市场的担忧和失望。

再次，市场情绪。除了价格本身，市场情绪也可以影响收购价格对股价的影响。如果市场对交易持乐观态度，即使价格被认为较高，股价仍然可能上涨。相反，如果市场情绪悲观，即使价格被认为合理，股价也可能下跌。市场情绪通常受到投资者的情感和预期的影响，有时不会反映基本面的价值。

最后，战略合理性。除了价格，投资者还会关注交易的战略合理性。如果市场相信交易有助于公司长期增长和竞争力提升，那么这场交易可能会对公司的股价产生积极影响，即使价格略高。战略合理性包括考虑到未来的盈利潜力、市场份额增长、战略补充等因素。这些因素也可以影响市场对交易的评估。

2. 整合风险

首先，整合不顺利导致业绩下滑。一项并购交易的成功与否通常依赖于公司对被收购公司的有效整合。如果整合计划不充分或执行不当，可能导致业绩下滑，这会对公司的股价产生负面影响。投资者对公司未来的盈利能力感到担忧，可能会使其减持或抛售股票，导致股价下跌。这种风险特别显著，因为市场通常对并购后的整合进程密切关注，一旦出现问题，投资者反应迅速。

其次，文化冲突和员工流失。并购时，不同公司的文化和价值观之间可能存在冲突。文化冲突和不和谐的团队关系可能导致员工流失、员工不满、以及生产力下降。这种情况可能损害公司的经营稳定性和竞争力，进而对股价产生负面影响。投资者可能会对员工流失和文化问题感到担忧，这会反映在股价下跌上。

再次，未能实现预期的协同效应。很多并购交易的背后都有预期的协同效应，即通过合并可以实现更高的效率和更低的成本。如果这些协同效应未能实现，投资者可能会感到失望，认为公司未能充分利用并购机会。这种失望可能导致股价下跌，尤其是当协同效应是交易的主要动力之一时。

最后，法律和法规风险。并购交易通常涉及法律和法规方面的复杂性。如果公司未能充分考虑或应对这些风险，可能会导致法律诉讼、罚款或其他法律后果。这些法律和法规风险可能引发投资者的担忧，对公司的股价造成负面影响。

3. 增长潜力

首先，市场份额扩展。一项成功的并购交易通常会被市场视为公司扩大市场份额的机会。当市场相信合并后的公司会在更广泛的市场范围内竞争，可能导致更高的销售额和盈利能力时，投资者可能对此感到乐观，并反映在股价上涨上。市场份额的扩展通常与公司的长期增长潜力相关，这一点在饱和市场中更为明显。

其次，业务多元化。并购交易有助于公司实现业务多元化，降低特定市场或行业的风险。当市场认为多元化有助于提高公司的稳定性和抗风险能力时，可能会对公司的股价表现持乐观态度。这种多元化战略通常被视为公司的长期增长潜力，因为它有助于降低受特定市场波动影响的程度。

再次，创新和新市场进入。一些并购交易涉及新技术或新市场的进入。市场通常会高度关注这些交易，因为它们被视为公司未来增长的关键。如果市场相信合并后的公司将通过新技术或新市场实现创新和扩张，投资者可能会对该公司的增长潜力感到乐观，股价可能会上涨。

最后，资源整合。并购交易通常伴随着资源整合，包括人员、技术、品牌和市场准入等。市场通常会考虑这些整合是否有助于提高公司的效率和竞争力。如果市场相信资源整合将加速公司的增长和提高公司的盈利能力，股价可能会受到积极影响。

（二）收购活动的影响

被收购公司的股票价格通常会受到并购交易的影响。以下是一些影响因素。

1. 溢价

首先，定义溢价收购。溢价收购是指收购公司以高于市场价格的价格购买目标公司的股票或资产。这个溢价通常以一定的溢价比率来表示，例如，以目标公司的股价每股10美元的价格购买，而市场价格仅为每股8美元，这就是一个以25%的溢价收购。

其次，溢价收购的动机。获得优势地位，溢价收购可以帮助收购公司更快地获得市场上的优势地位。通过以高价收购目标公司，收购方可以迅速获得目标公司的资产、客户群体或技术，而无需漫长的竞争。

溢价收购还可以阻止其他潜在的竞争者介入。如果其他竞争者也对目标公司感兴趣，高价收购可以使其他竞争者望而却步，因为他们可能无法匹敌高价。有时，收购公司愿意支付溢价，因为他们相信通过快速获得目标公司的资源和市场份额，可以更快地实现增长。

再次，股价上涨的原因。通常情况下，一家公司宣布以溢价收购目标公司后，市场对这一决策会做出积极反应。投资者可能会认为，收购方认为目标公司具有高价值，这可能导致投资者对目标公司的股价上涨持乐观态度。被收购公司的股东通常期望以较高价格出售其股票。一旦收购协议达成，被收购公司的股东可能会以更高的价格出售，这会推动股价上涨。如果其他潜在的收购者对目标公司感兴趣，他们可能会提出竞价，使收购价格进一步上涨，从而推动公司股价上涨。

最后，风险和警示。虽然溢价收购可能会导致股价上涨，但也存在风险。如果收购后无法实现预期的收益或效益，股价可能会回落。此外，高额的溢价可能会导致收购公司财务负担加重，需要更长时间才能实现回报。因此，在进行溢价收购时，公司需要仔细评估风险和回报，并确保合理的投资回报预期。

2. 市场反应

并购交易通常能引起市场广泛的关注和反应。市场参与者，包括投资者、分析师和媒体，会密切关注并购交易，因为这些交易可能会对公司的前景、竞争地位和股价产生深远影响。

首先，市场的反应是不同的。市场通常会关注并购的动机。如果交易被认为有助于公司的长期增长、市场份额扩大或战略优势加强，市场可能会对此持积极态度，导致被收购公司和收购方的股价上涨。溢价收购，即以高于目标公司市场价格的价格进行收购，通常会导致目标公司的股价上涨。股东通常期望以更高的价格出售股票，这也会在市场反应中体现。市场通常会对即将发生的并购交易提前做出反应。这种反应可能在交易宣布前几天或几周就开始显现，因为投资者会尝试提前预测交易的可能性。

其次，市场反应的形式多种多样。最明显的市场反应是股价波动。被收购公司的股价通常会上涨，而收购方的股价可能会下跌或保持稳定，这取决于市场对交易的看法。交易宣布后，通常会看到与被收购公司相关的交易量增加。这表明投资者对该股的兴趣上升。金融分析师通常会发布关于交易的分析和评级，这些评级也会影响市场反应。积极的分析师评级可能会进一步推动股价上涨。

再次，市场反应的持续时间不一定相同。有时，市场的反应可能是短期的，股价可能在交易宣布后几天或几周内迅速回归到正常水平。这可能发生在市场对交易的长期影响持谨慎态度的情况下。在其他情况下，市场反应可能会持续更长时间。如果交易被视为对公司长期增长和竞争地位产生积极影响，股价可能会在较长时间内持续上涨。

最后，市场反应的复杂性。市场反应通常是复杂的，受多种因素影响。这些因素包括公司的战略、市场环境、经济状况、竞争格局以及投资者的情绪和预期。因此，理解市场反应需要深入分析，并考虑多种潜在因素。

二、战略重组和业务调整

公司进行战略重组和业务调整时，股价也可能出现波动。以下是一些相关因素。

（一）市场预期

市场对公司的战略变化通常持有高度关注，因为这些变化可能对公司的未来增长和盈利潜力产生重大影响。市场预期的形成受多种因素影响，包括公司的沟通、业界分析师的评估、竞争环境以及宏观经济因素。

1. 公司的沟通

公司需要积极而透明地与投资者分享其战略调整的理由、目标和计划。清晰的沟通可以帮助市场更好地理解公司的战略动机，减少不确定性。

2. 业界分析师的评估

分析师通常会发布对公司战略调整的研究报告，这些报告可以影响投资者的预期。公司可能与分析师保持密切联系，以确保他们正确理解和评估公司的战略。

3. 竞争环境

市场还会考虑竞争环境，特别是其他竞争对手的反应。如果市场预测公司的战略变化将帮助其在竞争中脱颖而出，股价可能上涨。

4. 宏观经济因素

宏观经济因素如经济周期、利率和通货膨胀也会影响市场对公司战略调整的预期。不同的经济环境可能导致不同的市场反应。

（二）成本和效率

战略重组和业务调整通常伴随着成本削减和效率提升等措施。市场对这些举措的反应取决于对其潜在影响的看法。

1. 成本削减

市场通常会欢迎成本削减措施，因为这有助于提高公司的盈利能力。如果公司能够成功降低成本，提高利润，投资者可能对此产生正面看法，股价可能上涨。

2. 效率提升

提高效率通常被视为积极的举措。市场投资者可能相信，公司通过更有效地运营使效率提升，能够提高竞争力和盈利能力，从而推动股价上涨。

3. 执行风险

如果市场对公司成功实施这些举措持怀疑态度，股价可能下跌。投资者通常会密切关注战略重组的进展情况，以评估执行风险。

三、变化对股票价格波动的影响

股票价格的波动通常取决于市场的反应和投资者的情绪。市场参与者可能会对公司战略变化产生不同的看法，这可能导致股价的波动。此外，消息、分析师报告和公司的官方声明也可以影响市场对战略变化的看法和股价的波动。

（一）市场的反应和投资者情绪

股票价格的波动受到市场参与者的反应和情绪影响，这些反应和情绪的产生可能受到多种因素的驱动。

1. 买方和卖方压力

公司战略变化可能导致投资者对其产生不同看法，一些投资者可能看好公司的未来，而另一些可能持谨慎态度。这种不同的看法可能导致买方和卖方之间的交易冲突，进而引发股价的波动。

首先，战略变化可能会引发投资者不同的情绪和预期。一些投资者可能对公司的新战略充满信心，相信这将带来长期增长和盈利机会，因此愿意购买股票。这些买方可能会推动股价上涨，因为他们的需求超过了供应。

其次，投资者的风险偏好也是决定买方和卖方压力的关键因素。对于那些更愿意承担风险的投资者来说，公司的战略变化可能被视为机会，他们可能更倾向于购买股票。然而，风险厌恶的投资者可能会持谨慎态度，可能会更愿意出售股票。这种不同的风险偏好可能导致市场上买方和卖方之间的交易冲突，进而引发股价波动。

2. 信息不对称

首先,信息不对称是金融市场中常见的现象,它指的是不同市场参与者拥有不同的信息来源和分析能力,从而导致在决策过程中存在信息的不平等分配。在公司战略变化的情境下,信息不对称可能对股价波动产生显著影响。

其次,信息不对称可能导致以下情况。其一,一些投资者可能拥有独特的信息来源,如内部消息、公司高管的讲话内容、分析师报告等,使他们能够提前获得公司的战略变化。这些投资者可能会根据这些独特信息作出决策,这种不对称信息可能引发股价的波动。其二,即使所有投资者都拥有相同的公开信息,他们的信息解读可能会因分析能力和经验的不同而产生差异。一些投资者可能更擅长解读和理解公司的战略变化,而另一些投资者可能对其意义和影响持怀疑态度。这种信息解读的差异可能导致股价的不同反应。其三,信息不对称也可能受到市场情绪的影响。一些投资者可能受到情感和情绪的驱动,而不是理性地分析。例如,在公司宣布战略变化之后,乐观的投资者可能会大举购买股票,而悲观的投资者可能会抛售,这种情感驱动可能导致股价波动。

再次,信息不对称可能产生以下影响。其一,信息不对称可能导致不同投资者采取不同的行动,进而引发供需关系的变化。一些投资者可能会迅速买入或抛售股票,导致股价的波动。其二,在信息不对称的情况下,交易量可能会增加,因为投资者试图利用他们认为有利的信息。这可能导致市场的波动性增加。其三,信息不对称可能增加市场的不确定性,因为投资者不确定其他市场参与者的信息和行为。这种不确定性通常会导致价格波动。

最后,管理公司的策略来管理信息不对称是关键。公司可以通过及时、准确地披露信息来减轻信息不对称,同时与投资者和分析师进行积极的沟通,以确保市场对战略变化有正确的理解。此外,监管机构也在一定程度上监督市场,以确保信息披露的公平和透明。在信息不对称的情况下,公司和投资者都需要谨慎行事,以最大限度地减少不确定性和风险。

3. 情绪和心理影响

首先,投资者的情绪和心理状态在金融市场中扮演着重要角色。市场情绪可以波动,而不同的情绪可能导致股价的不同波动。

其次,以下是情绪和心理因素对股价波动的影响。其一,当市场遭遇不确定性或突发事件时,投资者可能陷入恐慌,导致其大规模抛售股票。这种情绪驱动的抛售可能导致股价急剧下跌,出现暴跌的市场。其二,与恐慌相反,过度乐观可能导致其对市场的狂热。当投资者对公司的战略变化持过于乐观的看法时,可能会推高股价。然而，这种乐观情绪也可能导致股价出现泡沫，最终导致调整。其三，市场分析师和投资者通常关注心理支撑和阻力水平，这些水平是价格波动的重要指标。当股价接近心理支撑水平时，投资者可能会愿意买入，从而支撑股价；而当股价接近心理阻力水平时，投资者可能会倾向于卖出，从而限制了股价的上涨。其四，情感传染是指投资者受到其他投资者情感的影响，从而采取与他们相似的行为。如果一部分投资者开始抛售股票并且情感传染蔓延，可能会引发更多的抛售行为，导致股价的大幅下跌。

（二）消息、分析师报告和公司官方声明

股票价格的波动还受到信息的传播和解释方式的影响。以下是一些可能影响股价波动的因素：

1. 消息的时效性和准确性

第一，时效性的重要性。消息的时效性对股价波动至关重要。市场参与者通常对新消息反应迅速，因此公司发布战略变化消息的时机至关重要。如果消息过于滞后，市场可能已经反应，导致错失机会或面临不利影响。

第二，准确性的重要性。消息的准确性同样至关重要。不准确或未经证实的消息可能导致投资者的恐慌和混乱，从而引发股价的短期波动。公司应确保提供准确、可信赖的信息，以避免市场不稳定性。

2. 分析师报告

第一，市场关注的焦点。分析师报告通常是市场关注的焦点，因为它们能提供专业的分析和建议。一份积极的分析师报告可以提高市场对公司战略变化的信心，推动股价上涨。相反，一份消极的报告可能引发投资者的担忧，导致股价下跌。

第二，分析师的声誉。分析师的声誉对其报告的影响力很大。市场通常更倾向于信任知名度高、准确度高的分析师的观点。公司可能与分析师保持紧密联系，以确保他们了解公司的战略变化并能够提供准确的分析。

3. 公司的官方声明

第一，清晰地传达。公司的官方声明和沟通对于市场的稳定性和投资者信心至关重要。公司应清晰地传达其战略变化的动机、目标和预期，以避免市场的不确定性。模棱两可的声明可能导致投资者产生疑虑。

第二，回应市场担忧。公司应积极回应市场的担忧和问题，提供背景信息和解释，以平息市场的不安情绪。及时回应和保持透明度可以帮助维护投资者信心，减轻股价波动。

第五章 市场地位与市值效应

第一节 市场地位的度量

一、市场集中度

市场集中度是一项重要的指标，用于衡量市场竞争的程度。通常使用 Herfindahl-Hirschman 指数（HHI）等指标来度量市场集中度。HHI 的计算方式是将市场内各家公司的市场份额的平方相加。较高的 HHI 值表示市场可能存在垄断，较低的 HHI 值则表示市场竞争较为激烈。市场集中度的高低对于公司在市场中的地位和竞争策略有重要影响。

（一）市场集中度的重要性

市场集中度是评估市场竞争程度的关键指标之一。它对公司和投资者都具有重要意义。

1. Herfindahl-Hirschman 指数（HHI）的应用

市场集中度的测量依赖于 HHI 指标，它对市场竞争的评估和监管起到了至关重要的作用。HHI 的计算方法通过将各家公司的市场份额平方数相加来考虑市值较大的公司对市场集中度的影响。以下是 HHI 的应用和重要性：

第一，竞争状况评估。较高的 HHI 值通常反映了市场的垄断或寡头垄断情况，这可能意味着缺乏充分的竞争，有可能导致价格操纵和不公平的市场行为。政府和监管机构可以利用 HHI 来识别这些问题。

第二，监管决策支持。政府和监管机构可以根据 HHI 值来决定是否需要采取干预措施，以确保市场保持公平竞争，维护消费者的权益。这些措施可能包括监管规定、制订反垄断法律和限制市场准入。

第三，市场参与者的决策依据。企业和投资者也可以利用 HHI 来评估市场竞争状况，这有助于他们制订商业策略、投资决策和市场进入计划。

2. 对公司的影响

市场集中度对公司的经营和竞争策略有直接影响：

第一，市场地位塑造。在高度集中的市场中，少数公司可能垄断市场或拥有主导地位。这些公司通常能够实施价格控制、决定市场规则，并拥有更高的利润潜力。然而，对于其他竞争者来说，高度集中的市场可能意味着竞争受限，难以获得市场份额。

第二，竞争策略选择。公司需要根据市场集中度来制定不同的竞争策略。在竞争激烈的市场中，公司可能需要采取差异化策略，以便在竞争中脱颖而出。而在市场集中度较高的情况下，成本领先策略可能更有效，因为市场主导者可能能够控制价格和市场份额。

3. 对投资者的影响

市场集中度对投资者的投资决策也具有重要影响：

第一，风险与回报平衡。在竞争激烈的市场中，投资者可能更倾向于分散风险，因此可能更多地投资于多样化的行业和公司。而在市场集中度较高的市场中，投资者可能更关注市场主导者的表现，因为这些公司通常具有相对稳定的盈利能力，更有潜力提供稳定的回报。

第二，投资组合调整。基于市场集中度，投资者可以调整其投资组合，以在不同市场环境下获得最佳回报。这可能包括选择不同行业、资产类别和风险水平。

（二）影响市场集中度的因素

市场集中度受多种因素影响，以下是一些主要因素。

1. 市场规模

市场的规模通常由市场内总的销售额或价值来衡量。在小型市场中，即使只有少数几家公司竞争，市场集中度可能相对较低。相反，大型市场可能会容纳更多的竞争者，但市场集中度可能较高。市场规模较大时，即使有多家公司竞争，其中一些公司仍然可以在市场中获得大量份额，从而导致较高的市场集中度。

2. 产业特性

不同产业的市场集中度差异较大，这取决于产业的特性。一些产业天然地更容易形成垄断或寡头垄断的市场格局，这可能与以下因素有关。

（1）网络效应

网络效应是一种在某些产业中常见的现象，它可能导致市场集中度较高。网络效应是指产品或服务的价值随着用户数量的增加而增加，或者用户之间的互联互通性增强。以下是网络效应对市场集中度的影响。

第一，正反馈循环。在存在网络效应的市场中，市场领导者通常能够吸引更多的用户。这是因为更多的用户意味着更大的网络，而更大的网络又提供更多的价值。这形成了正反馈循环，使领导者在市场中保持竞争优势。

第二，高度互联互通性。在网络效应市场中，用户通常更倾向于使用市场领导者的产品或服务，因为这些产品或服务具有更广泛的互联互通性。这进一步稳定了市场领导者的地位。

第三，难以突破。网络效应市场通常对新进入者具有高度的抵御力。新公司很难与市场领导者竞争，因为它们需要吸引足够多的用户才能达到与领导者相媲美的价值水平。

（2）专利和技术壁垒

一些产业依赖于专利和高度技术化的生产过程，这些壁垒可能限制新进入者，有助于维持市场的集中度。以下是专利和技术壁垒对市场集中度的影响：

第一，知识产权保护。在技术领域，公司通常会拥有专利和知识产权，这些权利保护了其独特的技术和创新。这使得其他公司很难复制或进入市场，因为它们如果复制会侵犯知识产权。

第二，高度技术化的生产过程。一些产业需要高度技术化的生产过程，这可能需要大量的资本投入和专业知识。这些技术壁垒可以阻止新公司的进入，有助于保持市场集中度。

第三，经济规模。拥有专利和高度技术化的公司通常能够实现更高的经济规模，从而降低生产成本。这使得它们能够在市场上以更具竞争力的价格销售产品，进一步巩固其市场地位。

3. 市场进入壁垒

首先，资本需求。资本需求是市场进入壁垒的一个重要因素。许多市场需要大量的资本投入，以购买设备、建立生产线、扩展设施或进行研发。这些资本需求可能对新公司构成巨大的负担，使其难以进入市场。例如，在制造业中，新公司可能需要购买昂贵的机器和设备，以满足生产需求。同样，在航空业，购买飞机和建立维护设施需要巨额投资。这种资本需求可能限制了新竞争者的机会，有助于维持市场的集中度。

其次，专利和知识产权。专利和知识产权在一些行业中扮演着关键角色，构成了市场进入的壁垒。公司拥有的专利和知识产权可以保护其独特的技术、产品或创新，使其他公司难以复制。对新进入者而言，可能会面临知识产权侵权的风险，这可能导致长时间的法律纠纷和高昂的成本。特别是在科技领域，知识产权的争夺常常是激烈的，新公司必须谨慎考虑是否进入市场。

再次，市场规模。市场规模也可以构成进入壁垒。在小型市场中，即使只有少数几家公司，市场集中度可能较低，但进入市场可能相对容易。然而，在大型市场中，尽管市场集中度较低，但新公司可能需要大规模的资源来满足市场需求，这可能对新竞争者构成障碍。

最后，监管和法律要求。监管和法律要求也可能成为市场进入的壁垒。一些行业受到严格的监管，新公司需要满足一系列法律法规和许可要求，才能开始经营。这可能需要时间和资源，限制了新公司迅速进入市场的能力。

二、品牌认知度

品牌认知度是评估企业在市场中的知名度和影响力的重要指标。高品牌认知度意味着消费者更容易辨认和信任该品牌，这有助于吸引更多的客户和维护市场份额。品牌认知度通常可以通过市场调查、品牌价值评估以及在线和离线广告等方式来度量和提升。

（一）品牌认知度的定义

品牌认知度是指消费者对于特定品牌的知晓度和辨识度。它反映了一个品牌在目标市场中的影响力和知名度。高度的品牌认知度意味着消费者更容易辨认和记住该品牌，从而在购买决策中更有可能选择该品牌的产品或服务。品牌认知度不仅是一个品牌的名字或标志，还包括与品牌相关的情感、联想和信任度。

（二）品牌认知度的重要性

1. 建立信任

高品牌认知度有助于建立消费者对品牌的信任。当消费者熟悉并认可一个品牌时，他们更愿意购买该品牌的产品或服务，因为他们相信这个品牌会提供高质量的产品或良好的服务体验。品牌的可靠性和一致性有助于消费者与其建立长期的信任关系，这对品牌的持续成功至关重要。

2. 吸引更多客户

品牌认知度高的企业通常更容易吸引新客户。消费者在市场上面临众多选择，熟悉的品牌更容易吸引他们的注意并促使他们尝试新产品或服务。高品牌认知度可以在竞争激烈的市场中充当差异化因素，吸引新客户并扩大市场份额。

3. 维护市场份额

在竞争激烈的市场中，维护市场份额至关重要。高品牌认知度可以帮助企业维持其现有客户，降低客户流失率，并在市场中保持竞争优势。消费者倾向于选择他们熟悉和信任的品牌,因此品牌认知度可以帮助企业抵御竞争对手的挑战。

4. 支持价格定价

有高品牌认知度的企业通常能够轻易制订更高的价格定价策略。消费者愿意为他们认可的品牌支付更高的价格,因为他们相信这个品牌的产品或服务具有更高的价值。这有助于提高企业的毛利率和盈利能力。

5. 促进品牌扩张

高品牌认知度为企业提供了进一步扩张和多元化的机会。当一个品牌在其核心市场上建立了强大的品牌认知度时,它可以更轻松地推出新产品线或进军新市场,因为消费者对该品牌已经有一定的信任。这种信任可以为新产品或服务的成功推出提供良好的起点。

第二节 市值效应与竞争策略

市值效应是指在市场上,具有较小市值(市值低)的公司相对于具有较大市值(市值高)的公司表现出更高的股票回报率。

一、市值效应的解释

市值效应,又称为市值因子,是一种股票市场现象,指的是在市场上,具有较小市值(市值低)的公司相对于具有较大市值(市值高)的公司表现出更高的股票回报率。这一现象引发了广泛的学术研究和投资策略,因为它对投资者和资产管理人具有重要的影响。

市值效应的解释可以从以下不同维度进行。

(一)风险溢价解释

风险溢价解释是解释市值效应的一个重要观点,它指出市值效应可以被视为投资者要求对小市值公司持有的风险的补偿。这一解释的核心思想是,小市值公司通常面临更高的风险,这些风险可能包括市场波动、金融困境以及其他与公司规模相关的不确定性。因此,投资者需要获得更高的回报来激励他们持有这些公司的股票。

1. 小市值公司的风险特征

小市值公司通常具有以下风险特征,这些特征可能对投资者构成潜在风险:

第一,市场波动性风险。小市值公司的股票通常比大市值公司更容易受到市场波动的影响。这意味着它们的股价可能更不稳定,投资者需要承受更大的价格波动。

第二，流动性风险。小市值公司的股票通常具有较低的流动性，这意味着在市场上买卖这些股票可能会更困难。大宗交易可能导致价格波动，从而增加投资者的交易成本。

第三，融资和债务风险。小市值公司通常更难获得融资，并可能面临更高的债务风险。金融困境可能对它们的生存和增长构成威胁，这增加投资风险。

第四，竞争和市场份额风险。小市值公司通常面临更激烈的竞争，因为它们试图在相对较小的市场中获得份额。这可能导致价格竞争和较低的利润率。

2.投资者的风险偏好

根据风险溢价解释，投资者的风险偏好在市值效应中起到关键作用。投资者通常会根据自己的风险偏好来决定投资组合的构建。对于那些愿意承受更高风险以寻求更高回报的投资者来说，小市值公司可能会成为有吸引力的投资选择。然而，这种投资选择通常伴随着更高的波动性和潜在的损失。

3.市值效应的表现

风险溢价解释提供了一个理论框架，解释了为何小市值公司通常表现出更高的股票回报率。投资者要求更高的回报来补偿他们愿意承受的风险，因此小市值公司的股价上升反映出这一需求。然而，这也意味着市值效应通常在市场中的不同阶段表现出不同的趋势，因为投资者的风险偏好会受到市场情绪和经济环境的影响。

（二）市场情绪解释

市场情绪解释是解释市值效应的另一个重要观点，它强调市场情绪和投资者偏好对市值效应的影响。根据这一解释，投资者可能会对小市值公司持有更乐观的看法，或者在市场情绪高涨时更愿意投资小市值股票，从而推动这些股票的价格上升。

1.市场情绪和投资者情感

市场情绪在投资决策中扮演着重要的角色。投资者情感、乐观和恐惧等情绪因素会对他们的投资决策产生重大影响。在市场情绪高涨、乐观情绪强烈的时候，投资者可能更倾向于承担更高的风险，寻求更高回报的机会。这种情绪可能导致他们更愿意投资小市值公司，从而推动这些公司的股价上涨。

2.小市值公司的增长潜力

投资者通常对小市值公司的增长潜力持有乐观看法。小市值公司通常更容易实现高增长率，因为它们可以在相对较小的市场份额上获得大幅增长。当市场情绪乐观时，投资者更可能对这些公司的增长前景感到兴奋，愿意投资它们的股票，以获取潜在的高回报。

3.投资者偏好和投资周期

投资者的偏好通常会受到投资周期、宏观经济因素和市场趋势的影响。在某些时期，例如"牛市"期间，投资者可能更愿意追求高风险高回报的机会，因此更可能投资小市值股票。这种市场情绪和投资者偏好的变化可能导致市值效应的波动。

4.市场情绪的影响

市场情绪的波动可能会导致市值效应在不同市场环境下表现出不同的趋势。在市场情绪高涨时，小市值股票可能会被过度买入，推高它们的价格，形成市值效应。相反，在市场情绪低迷或悲观情绪蔓延时，小市值股票可能会受到抛售压力，导致市值效应的回调。

二、市值效应的机制

市值效应的机制涉及多种因素，其中一些因素可以解释为何小市值公司通常具有更高的股票回报率。

（一）风险溢价

市值效应是指在股票市场上，小市值公司相对于大市值公司表现出更高的股票回报率。这种现象部分可以通过风险溢价来解释，风险溢价是投资者为了承担风险而要求的额外回报。

1.风险与市值大小的关系

小市值公司通常被视为风险较高的投资。这种高风险可能源于多个因素，包括：第一，公司规模。小市值公司通常在市场上的地位较弱，面临更大的市场风险。它们可能受到市场波动和流动性问题的影响更大。第二，市场关注度。小市值公司相对较少被关注和研究，这可能导致信息不对称，投资者更难获取准确的信息。第三，财务稳定性。一些小市值公司财务状况可能较差，财务风险较高。

2.风险溢价的概念

风险溢价是指投资者愿意为了承担额外风险而要求的回报。它反映了投资者对风险的态度，以及他们对投资的潜在风险和回报的权衡。在股票市场上，投资者通常要求高风险资产（如小市值公司股票）相对于低风险资产（如大市值公司股票）更高的回报率。

3.风险溢价与市值效应的关联

市值效应的核心是小市值公司相对于大市值公司表现出更高的回报。这一差异的一部分可以被视为风险溢价的体现。投资者期望有更高的回报因而选择持有小市值公司的股票，因为它们认为这些公司面临更高的市场和财务风险。因此，投资者愿意支付额外的回报来承担这种风险，从而推高了小市值公司的股价，形成了市值效应。

4.投资者行为与市值效应

投资者的行为也可以解释市值效应。一些投资者可能更愿意投资小市值公司,因为它们希望通过承担风险来获得更高的回报。这种偏好可能导致小市值公司的需求上升,从而推动它们的股价上涨。

5.市值效应的波动

市值效应的波动通常受到投资者对风险的感知和市场情绪的影响。在市场情绪较好或乐观时,投资者可能更愿意投资小市值公司,从而推高它们的股价。相反,在市场情绪疲软或悲观时,投资者可能更偏向于避险,导致小市值公司的股价下跌。

(二)市场情绪和投资者偏好

市场情绪和投资者对小市值公司的偏好可能导致它们的股票价格上涨。当投资者对市场持乐观看法时,他们更愿意投资风险较高的小市值公司,从而推高这些公司的股价。

1.市场情绪在股票市场中起着重要作用

市场情绪在股票市场中发挥着重要作用,它不仅反映了投资者对市场前景的看法,还影响着他们的投资决策和行为。市场情绪通常可以分为乐观和悲观两种情绪,这两种情绪对市值效应产生直接的影响。

(1)乐观情绪

乐观情绪通常伴随着对市场未来表现的积极看法。在乐观情绪下,投资者更愿意承担风险,因为他们相信市场会取得良好的表现,这可能导致以下情况:

第一,对小市值公司的偏爱。乐观的投资者更倾向于寻找潜在增长机会较大的公司,而这些公司通常是市值较小的公司。他们相信这些小市值公司有更大的增长潜力,因此更愿意为此投资。

第二,小市值公司的股价上涨。由于乐观情绪的影响,投资者可能会买入小市值公司的股票,推动其股价上涨。这种现象被称为市值效应,即小市值公司的股价表现相对较好。

第三,市场波动性增加。乐观情绪可能导致市场波动性增加,因为投资者更加积极地参与交易,股价可能会波动明显。

(2)悲观情绪

悲观情绪则反映了投资者对市场前景的担忧和负面看法。在悲观情绪下,投资者通常更谨慎,可能会采取保守的投资策略,这可能导致以下情况:

第一,对大市值公司的偏爱。悲观的投资者更倾向于寻找相对较稳定和安全的投资,通常会偏向投资市值较大的公司,因为这些公司通常更具稳定性。

第二，大市值公司的股价上涨。由于悲观情绪下，投资者可能寻求相对低风险的投资，可能会买入市值较大的公司的股票，推动其股价上涨。

第三，市场波动性减小。悲观情绪通常会导致市场波动性减小，因为投资者更趋向于避免极端的投资决策，市场可能会更加稳定。

市场情绪在股票市场中扮演着至关重要的角色，它对投资者的投资行为、股票价格和市场波动性会产生直接影响。乐观情绪可能会推动小市值公司的股价上涨，形成市值效应，而悲观情绪可能导致投资者更倾向于大市值公司，从而影响市场整体的表现。因此，投资者需要密切关注市场情绪，并将其考虑在内，以制定更明智的投资决策。

2. 投资者的偏好也对市值效应产生影响

市值效应的出现和影响并不仅受市场情绪的影响，投资者的偏好也在很大程度上塑造了市值效应的格局。一些投资者更愿意寻找高风险、高回报的机会，他们相信小市值公司具有更大的增长潜力和创新性，因此愿意承担与之相关的市场波动风险。

第一，高风险偏好。一些投资者有较高的风险偏好，他们寻求潜在的高回报机会，更愿意投资那些具有较大增长潜力但伴随较高风险的小市值公司。他们相信这些公司可能会在未来取得出色的业绩，因此愿意承担市场波动性。

第二，长期投资。投资者的投资时间周期也影响了他们的偏好。长期投资者更有可能看重小市值公司，因为他们相信这些公司在未来有望实现长期增长，即使短期内可能存在波动。

第三，创新性和增长潜力。投资者可能更关注小市值公司的创新性和增长潜力。他们相信这些公司可能会在市场上引领变革，因此更愿意投资这些公司，从而提高了小市值公司的股价。

第四，分散投资。一些投资者选择分散投资策略，他们会投资于不同市值和行业的公司，以降低整体风险。这可能包括投资小市值公司，以实现投资组合的多样性。

（三）市场流动性

市场流动性是衡量资产或证券能够在市场上买卖并转化为现金的程度。对于小市值公司的股票来说，市场流动性通常与大市值公司形成鲜明对比，具有一些独特的特点，这些特点影响其价格波动和交易行为。

1. 流动性差异导致价格波动

小市值公司的股票通常相对流动较少，即在市场上的买卖活动较少。这与大市值公司形成了鲜明对比，后者通常具有更高的流动性，即更容易买卖而且买卖不会显著影响股价。流动性差异导致小市值公司的股票更容易受到交易量的影响，买卖行为可能引发较大的价格波动。因为市场上的交易量较小，即使一小部分交易活动也可能导致股价的显著波动。这使小市值公司的股票价格更容易受到市场情绪、新闻事件或大宗交易的影响。

2. 主动投资者和专业交易员的关注

由于小市值公司的股票具有较低的流动性，它们更容易受到主动投资者和专业交易员的关注。这些投资者和交易员通常寻找价格波动较大的机会，以获得短期内的回报。他们可能会通过大宗交易或高频交易来利用小市值公司股票的流动性差异，推高其价格。这些交易活动会进一步增加价格波动性，使小市值公司股票更容易受到投机性行为的影响。

3. 价格波动为交易者提供机会

流动性差异导致小市值公司股票价格更容易受到交易影响，因此价格波动通常较大。这种价格波动可能为主动投资者和交易员提供获利机会。他们可以利用价格波动进行交易，从而推高小市值公司股票的回报率。然而，这也可能导致较高的交易成本，因为市场买卖价差较大，从而影响了小市值公司股票的持有成本。

（四）投资者行为

1. 对小市值公司的故事吸引力

小市值公司通常具备引人注目的故事和概念，这些故事通常围绕着新颖的技术、产品或市场展开。这种故事性投资情绪对小市值公司的股价和市值效应会产生深远影响。

第一，创新性和技术突破。小市值公司通常在创新和技术突破方面具备竞争优势。它们可能专注于开发新颖的产品、技术或解决方案，这些行为能够在市场上引起广泛的关注。投资者通常被创新性和技术突破所吸引，因为这代表了未来的增长潜力。这种吸引力可以推动投资者购买小市值公司的股票，导致股价上涨。

第二，市场机会和前景。小市值公司可能进入新的市场或领域，具备未来潜在的市场机会和前景。这些公司可能专注于满足新兴需求或解决尚未解决的问题，从而在市场中赢得竞争优势。投资者可能被这些市场机会和前景所吸引，认为小市值公司有望在未来取得显著的增长。这种看好未来的情绪可以推高小市值公司的股价。

第三，成长潜力和投资回报。由于小市值公司通常正处于成长阶段，它们具备更大的成长潜力。投资者可能相信这些公司有望实现高回报，并因此愿意投资其股票。他们看重小市值公司的增长潜力，相信未来可能会有更高的股价回报。这种投资信念可以推动小市值公司的股价上涨。

第四，高度关注和媒体报道。小市值公司的故事通常受到媒体的高度关注和报道。新闻报道、分析师评论以及社交媒体讨论可以进一步推动市场对这些公司的关注。投资者可能通过媒体获得关于小市值公司的信息，从而被其故事所吸引。这种媒体曝光可以增加小市值公司股票的流动性，推动股价上涨。

2. 情绪驱动的过度买入

情绪驱动的过度买入是市值效应背后的一个重要因素，它反映了投资者在小市值公司股票上的投资行为受情感和市场热情的驱动。

第一，投资者担心错过机会。当小市值公司的股价开始上涨并引起市场的热情时，投资者由于担心自己会错过这个繁荣的机会。这种担心错过机会的情感可以迅速传播，引发更多的投资者进入市场，购买小市值公司的股票。这种过度买入的情绪可以推高股价，因为投资者的需求增加，供应减少，导致价格上涨。

第二，羊群效应。情绪驱动的过度买入通常伴随着羊群效应。当一些投资者开始涌入小市值公司的股票市场时，其他投资者可能会跟随，因为他们认为这些投资者掌握了一些内幕信息或见解。这种羊群效应会导致更多的投资者参与，进一步推动股价上涨。羊群效应也是情绪驱动过度买入的一种表现。

第三，过度乐观情绪。情绪驱动的过度买入通常伴随着投资者的过度乐观情绪。投资者可能高估了小市值公司的增长潜力和前景，低估了潜在的风险因素。这种过度乐观情绪会导致他们高估了股票的基本面价值，进一步推高股价。然而，这种过度乐观情绪可能不符合实际情况，最终可能导致市值效应的逆转。

第四，放大效应。情绪驱动的过度买入会在市场中产生放大效应。当投资者纷纷涌入市场购买小市值公司的股票时，市场需求急剧增加，股价上涨。这种上涨可能激发更多投资者的兴趣，导致更多的买入，从而进一步推动股价上涨。这种放大效应会导致市值效应的出现，即小市值公司的股价相对较大市值公司表现出更高的回报率。

3. 认知偏差影响

认知偏差是指投资者在作出决策时，由于信息处理的方式或心理因素，可能引发错误的决策或判断。在市值效应中，认知偏差在投资者对小市值公司的评估和行为中发挥重要作用。

第一，过度乐观地展望。一种常见的认知偏差是过度乐观的展望。投资者可能高估了小市值公司的盈利潜力，认为其未来表现将超过实际情况。这种过度乐观情绪可能导致他们高估股票的基本面价值，从而推高股价。投资者可能忽视潜在的风险因素，如市场竞争、管理问题或行业不确定性，因为他们过于专注潜在的高回报。这种认知偏差可能加剧市值效应的出现。

第二，忽视潜在风险。投资者可能过于集中关注小市值公司的增长潜力，而忽视与之相关的风险。这种偏向性可能导致他们低估了市场竞争、市场不确定性或经济周期等因素对公司的潜在影响。因此，他们可能会高估股票的价值，进一步推高了股价，形成市值效应。

第三，损失厌恶。投资者的损失厌恶也可能导致认知偏差。他们可能害怕错失小市值公司的潜在上涨机会，因此更愿意冒险，忽视风险。这种情感驱动的决策可能导致他们高估了小市值公司的价值，从而推高股价。

三、实证研究结果和趋势

实证研究表明，市值效应在金融市场中确实存在，低市值公司往往表现出更高的股票回报率。然而，这一效应并非在所有情况下都成立，而是受到市场环境、投资者行为和经济周期等因素影响的。

（一）市值效应的存在

实证研究多次证明，市值效应在金融市场中确实存在。低市值公司通常表现出更高的股票回报率，这一现象被广泛称为"小市值溢价"。这一趋势已经存在多年，并且得到了广泛的学术和实践关注。投资者普遍认识到小市值公司具有更高的增长潜力，因此愿意投资这些公司，从而推高了它们的股价。

1. 学术研究支持

许多学术研究已经证明，具有较低市值的公司通常表现出更高的股票回报率。这一趋势一直受到学术界的广泛关注，并且已经有数十年的研究历史。学者们使用各种方法和数据样本来验证市值效应，结果一致显示，小市值公司的股票回报通常超过了大市值公司。

2. 投资者的普遍共识

市值效应不仅是学术研究的结果，投资者在实际投资决策中也普遍认可这一现象。投资者普遍认为，小市值公司通常具有更高的增长潜力，因此愿意投资这些公司的股票。这种共识使得小市值公司的股价得到推动，因为投资者竞相购买这些股票，推高了它们的价格。

3. 经验教训

市值效应的存在也在实践中得到了证明。许多投资者和基金经理在长期投资中积累了有关市值效应的经验教训。他们发现，投资小市值公司的股票可以在一定程度上提高投资组合的回报率。这些实际的投资经验进一步巩固了市值效应的存在。

4. 解释市值效应的理论

市值效应的存在可以通过多种理论解释。其中之一是投资者的风险厌恶程度不同，他们更愿意为小市值公司的风险承担更高的回报。此外，信息不对称和流动性问题也可能导致市值效应。小市值公司通常有较少的信息披露和流动性，因此可能被低估，投资者在发现这些机会时会推高它们的价格。

5. 国际范围内的证据

市值效应并不局限于特定市场或地区，它在国际范围内同样存在。不同国家和地区的研究都显示，小市值公司的股票表现出更高的回报率。这表明市值效应具有普遍性，不受地理和市场因素的限制。

（二）影响市值效应的因素

1. 市场环境的影响

市值效应受到市场环境的显著影响。以下是市场环境对市值效应的影响因素：

第一，"牛市"和"熊市"。在"牛市"中，市场情绪通常较为乐观，投资者更愿意接受风险，这可能导致市值效应的程度增加。相反，在"熊市"中，投资者通常更加谨慎，更注重避险，这可能降低市值效应的程度。在不同市场环境下，市值效应的表现可能存在显著差异。

第二，利率环境。利率水平对市值效应也有影响。当利率较低时，投资者可能更倾向于寻找高回报，这可能增加对小市值公司的需求，从而提高市值效应的程度。反之，高利率环境可能导致投资者更倾向于寻找稳定的大市值公司，降低市值效应的程度。

第三，市场流动性。市场流动性是市值效应的重要因素。较高的市场流动性通常会减小市值效应的程度，因为更容易买卖的股票可以减少价格波动。相反，低流动性市场可能会增加市值效应的程度，因为较难买卖的股票更容易受到情绪驱动的波动影响。

2. 投资者行为和情感

投资者的行为和情感对市值效应产生显著影响。以下是投资者行为和情感对市值效应的影响因素：

第一，情绪驱动。投资者的情绪通常驱动市值效应。情感高涨的投资者可能更倾向于购买小市值公司的股票，这可能导致市值效应的出现。相反，情感低迷的投资者可能更愿意购买大市值公司的股票，从而降低市值效应的程度。

第二，过度买入和过度卖出。投资者的过度买入和过度卖出行为也会对市值效应产生影响。当市值效应推高小市值公司的股价时，投资者可能过度买入，导致股价过度膨胀。随后，当市场情绪发生逆转时，投资者可能又过度卖出，导致市值效应的逆转。

3. 经济周期的影响

市值效应还受经济周期的影响。以下是经济周期对市值效应的影响因素：

第一，增长阶段。在经济增长阶段，小市值公司通常具有更高的增长潜力，因此市值效应可能更为显著。投资者更愿意投资这些公司，以追求更高的回报。

第二，衰退阶段。在经济衰退期间，大市值公司通常更具稳定性，因此市值效应可能减弱。投资者更倾向于寻找相对安全的投资，而不是只追求高回报。

第三，通货膨胀。通货膨胀对市值效应的影响取决于不同公司的财务表现。在通货膨胀期间，小市值公司可能更容易适应并实现增长，因此市值效应可能增强。

（三）新趋势和变化

近年来，随着信息技术的发展和市场的变革，一些市值效应可能出现了变化。互联网和社交媒体等新兴渠道使小市值公司更容易获得投资者的关注。这减少了信息不对称的问题，使投资者更容易获取关于这些公司的信息，从而改变市值效应的格局。此外，机构投资者也对低市值公司给予更多的关注，这可能导致市值效应的一些变化。机构投资者的大规模投资可能对小市值公司的股价产生重要影响。

1. 信息技术和市场变革

第一，新兴渠道的影响。互联网和社交媒体等新兴渠道为小市值公司提供了更多的曝光机会。这些公司可以更轻松地与投资者、分析师和媒体互动，传递关于其业务和前景的信息。这减轻了信息不对称的问题，使投资者更容易获取与小市值公司相关的信息，从而改变了市值效应的格局。

第二，数据驱动决策。投资决策越来越多地依赖于数据和算法。大数据分析和人工智能技术使投资者能够更深入地研究公司的基本面和市场动态。这可能导致更准确地定价，减少了市值效应的程度。

2. 机构投资者的影响

机构投资者在市值效应中扮演着重要的角色，他们的行为和偏好也会对市值效应产生影响。

第一，机构投资的增加。机构投资者越来越多地将目光投向了小市值公司。由于机构规模庞大，其投资行为可能对股票市场产生重要影响。机构投资者的大规模投资可能推动小市值公司的股价上涨，改变市值效应的格局。

第二，主动投资策略。一些机构投资者采用主动管理策略，积极寻找低估值的小市值公司。这种主动投资策略可能导致市值效应的一些变化，因为这些机构投资者通常会对小市值公司进行更深入的研究，从而更好地捕捉投资机会。

第三，长期投资。一些机构投资者采取长期投资策略，注重公司的基本面和长期增长潜力。这可能导致小市值公司在机构投资者的持有下稳定增长，减少市值效应的波动性。

3. 金融市场的全球化

金融市场的全球化也对市值效应产生了一些新的影响。

第一，跨国投资。投资者现在可以更容易的进行跨国投资，寻找在不同国家和地区的小市值公司。这扩大了小市值公司的受众，并可能改变市值效应的表现。

第二，国际竞争。全球市场的竞争可能导致小市值公司更注重提高其国际竞争力。这可能使它们更具吸引力，吸引更多国际投资者的关注。

第三节　市值效应与风险

一、风险调整的市值效应

在考虑市值效应时，风险调整是非常重要的，因为不同市值公司的风险水平可能不同。以下是一些关于风险调整的市值效应的重要方面。

（一）市值—收益风险比

1. 市值—收益风险比的计算

市值—收益风险比是一个关键的金融指标，用于帮助投资者评估不同市值公司的投资潜力。这一比率的计算涉及市值效应的超额回报与相对风险之间的关系。以下是市值—收益风险比的计算方法：

首先，需要计算市值效应的超额回报，通常使用市值加权指数和市值中性指数之间的差异来表示。市值中性指数是在各市值范围内均等加权的指数，用于排除市值效应。

其次，需要度量市值效应投资的风险。风险通常使用标准差（波动性）或贝塔值（相对市场的敏感性）来衡量。这些风险度量反映出市值效应投资相对于市场的不确定性和波动性。

最后，将市值效应的超额回报除以相对风险来计算市值—收益风险比。这一比率反映了每单位风险所获得的超额回报。如果市值—收益风险比高于其他投资机会，那么市值效应则被视为有吸引力的投资选择。

2. 市值—收益风险比的解释

市值—收益风险比的高低可以提供有关市值效应投资的重要信息。以下是一些可能的解释：

首先，如果市值—收益风险比较高，这意味着市值效应投资相对于其风险水平来说可能具有更好的回报。这可能表明市值效应是一种吸引人的投资机会，值得投资者的关注。

其次，如果市值—收益风险比较低，这可能意味着市值效应的回报不足以补偿其相对较高的风险水平。在这种情况下，投资者可能会寻找其他投资机会，以实现更好的风险—回报平衡。

最后，投资者还应该关注市值—收益风险比随时间的变化。如果市值—收益风险比在一段时间内持续上升，这可能表明市值效应的吸引力在增大，而如果它下降，可能意味着市值效应的吸引力在减小。

（二）风险调整的回报

1. 风险调整的回报计算

风险调整的回报是一个重要的指标，用于评估市值效应是否为投资者提供了额外的回报，并考虑与该投资策略相关的风险水平。以下是计算风险调整的回报的方法：

首先，需要计算市值效应的超额回报，这是市值效应的实际回报减去无风险回报率的回报。通常，无风险回报率可以使用国债或短期国库债券的利率来表示。

其次，需要度量市值效应投资的波动性，通常使用标准差或其他波动性度量来衡量。这反映了市值效应投资的价格波动程度。

最后，将市值效应的超额回报除以其波动性来计算风险调整的回报。这一指标反映了每单位风险所获得的超额回报。

2. 风险调整的回报的解释

风险调整的回报是投资者用来评估市值效应投资潜力的关键指标之一。以下是对风险调整的回报的解释：

首先，如果市值效应的风险调整回报较高，这意味着投资者可以在不增加风险的情况下获得更多的回报。这可能表明市值效应是一种吸引人的投资机会，因为投资者可以实现较高的回报，同时仍能够控制风险。

其次，如果市值效应的风险调整回报较低，这可能表明市值效应的回报不足以弥补其相对较高的风险水平。在这种情况下，投资者可能会考虑其他投资机会，以实现更好的风险—回报平衡。

最后，投资者还应该关注风险调整的回报随时间的变化。如果市值效应的风险调整回报在一段时间内持续上升，这可能表明市值效应的吸引力在增大，而如果它下降，可能意味着市值效应的吸引力在减小。

（三）风险因子模型

风险因子模型是一种用于解释和分析资产或投资组合回报的工具。它假设资产的回报可以由多个风险因子的组合来解释,而不仅是市场因子。在考虑市值效应时,投资者通常会将市值效应视为风险因子之一,同时还考虑其他因子,如市场因子、价值因子和动量因子等。

1. 风险因子模型的构建

构建风险因子模型通常包括以下步骤:

首先,需要确定用于解释资产回报的风险因子。对于市值效应来说,市值通常是一个重要的风险因子。除了市值,还可以考虑其他因子,如市场指数的回报、公司的估值、价格动量等。

其次,收集历史回报数据以及风险因子的数据。这些数据用于构建模型和估计不同因子对资产回报的影响。

最后,使用回归分析等统计方法,将资产的回报与选定的风险因子进行关联。回归模型的系数可以解释每个因子对资产回报的贡献。

2. 市值效应在风险因子模型中的应用

在风险因子模型中,市值效应通常被视为一个重要的风险因子。通过将市值效应与其他因子(如市场因子)结合在一起,投资者可以更全面地了解市值效应对资产回报的影响。以下是一些市值效应在风险因子模型中的应用:

首先,风险因子模型可以帮助投资者确定市值效应是否具有独立的解释能力。如果市值效应在模型中仍然显现出显著的系数,那么它可能具有独立的风险特征。

其次,通过风险因子模型,投资者可以比较市值效应与其他风险因子的相对贡献。这有助于确定市值效应在整个风险模型中的重要性。

最后,风险因子模型还可以用于评估整个模型的有效性。如果模型能够很好地解释资产回报的波动性,包括市值效应在内,那么它可能是一个有效的风险管理工具。

二、投资者的风险偏好和市值效应

投资者的风险偏好在决定是否包括市值效应在其投资组合中起着关键作用。以下是市值效应与投资者风险偏好之间的关系。

(一)风险承受能力

风险承受能力是指投资者在投资决策中愿意承担何种程度的风险或损失,以追求更高的预期回报。这是一个重要的概念,因为不同的投资者在风险偏好和金融目标方面可能存在差异。

1. 风险偏好的影响

风险偏好是衡量投资者愿意承担风险的程度的指标,它对投资市值效应的接受程度产生了直接影响。

第一,高风险偏好投资者。风险偏好较高的投资者通常更愿意接受市值效应所带来的额外风险。他们相信高市值效应可能会伴随高回报,因此愿意在投资组合中包含更多小市值公司的股票,以追求更高的预期回报。这些投资者更可能将市值效应视为一种机会而非风险。

第二,低风险偏好投资者。风险偏好较低的投资者可能更倾向于避免市值效应,以减轻投资组合的风险。他们更关注保护资本和稳定回报,可能更倾向于在投资组合中选择大市值公司的股票,因为这些公司通常具有更低的波动性和更稳定的业绩。

2. 风险承受能力的评估

了解投资者的风险承受能力对于投资组合的构建至关重要。以下是一些用于评估风险承受能力的常见方法:

第一,风险问卷。风险问卷是一种常见的工具,用于评估投资者的风险偏好和目标。通过让被调查人回答一系列问题,投资者可以得出关于他们的风险承受能力的估计。

第二,财务状况分析。分析投资者的财务状况,包括资产和负债的情况,可以帮助确定他们是否有足够的资本来承受更高的风险。

第三,投资时间段。投资者的投资时间段也会影响他们的风险承受能力。长期投资者可能更容易承受短期波动,因为他们有更多的时间来恢复损失。

第四,风险承受能力的变化。风险承受能力可能会随着投资者的生活阶段和金融目标的变化而发生改变。投资者可能在不同的时间点具有不同的风险承受能力,因此需要定期评估投资者和调整投资策略。

(二)投资目标

投资者的具体目标也会影响他们对市值效应的看法和使用。例如,长期投资者可能更愿意在其投资组合中包括市值效应,因为他们有更长的投资期限来应对市场波动。而短期投资者可能更关注短期风险,可能会在市值效应上采取不同的立场。

1. 长期投资者的目标

长期投资者通常以积累财富和实现长期财务增长为主要投资目标。他们可能关注的目标包括退休储蓄、子女教育基金、房产购置等。对于这些投资者来说,市值效应可以被视为一种长期战略,因为市值效应在较长的时间内可能会实现更显著的超额回报。这些投资者更愿意容忍市值效应所带来的短期波动,因为他们更关注长期增长。

第一,退休储蓄。长期投资者的一个主要目标是积累足够的财富以支持退休生活。

他们通过持有市值效应股票来追求长期增值,以确保在退休后有足够的资金来维持生活水平。市值效应在较长的时间内可能实现更高的回报,因此适用于退休储蓄计划。

第二,子女教育基金。长期投资者还可能关注子女的教育需求。他们通过市值效应的投资来为子女的大学教育或其他教育支出积累资金。由于子女的教育成本通常需要较长时间的储蓄,市值效应可以作为一个长期投资策略来实现这一目标。

第三,房产购置。长期投资者可能希望购买房产,无论是作为自住房还是投资物业。市值效应的长期增长潜力可以用于资助这些房产购置计划。投资者可以将市值效应视为一种长期积累财富的工具,以实现这一目标。

第四,资本增值。长期投资者通常更加注重资本增值,即他们投资的本金在未来增值的程度。他们愿意容忍市值效应可能带来的短期波动,因为他们相信这种策略在较长的时间框架内将带来更高的回报。因此,他们将市值效应视为一种长期财富增长的手段。

第五,长期增长。长期投资者的目标之一是实现长期的资产增值。市值效应通常与成长型股票相关,这些股票在较长的时间内具有增长潜力。因此,长期投资者可能更愿意在其投资组合中包含市值效应,以追求长期增长。

2. 短期投资者的目标

短期投资者的目标通常更加短期化,他们可能希望在较短的时间内得到快速的回报。这类投资者可能是交易员、短期投机者或需要在短时间内取得资本增值的个人。对于他们来说,市值效应的短期波动可能会被视为不利因素,因为他们更关注的是短期盈利和流动性。

第一,短期盈利。短期投资者的主要目标是在短期内实现盈利。他们通常更加关注市场的短期波动,以便能够快速买入和卖出,从而获取短期涨幅。市值效应的长期增长可能无法满足他们的短期盈利目标,因此他们可能会对市值效应持有较低的兴趣。

第二,流动性需求。短期投资者通常需要更高的流动性,以便在需要时快速卖出持仓。市值效应通常伴随着相对较低的流动性,因为小市值公司的股票交易可能不太活跃。这可能会使短期投资者更倾向于避免市值效应,因为它可能会导致不便的流动性问题。

第三,短期目标。短期投资者可能有特定的短期目标,例如追求快速地回报以支持某一项目或应对紧急财务需求。他们可能对市值效应的潜在长期回报不感兴趣,因为这与他们的短期目标不符。

3. 中期投资者的目标

中期投资者的目标介于长期和短期之间。他们可能关注的目标包括房产投资、子女教育基金或某个特定项目的资金需求。这些投资者可能会根据投资期限来考虑市值效应的使用。如果他们有较长的中期时间框架，他们可能会愿意在投资组合中包括市值效应，以追求中期回报。

第一，中期投资期限。中期投资者通常有一个中等长度的投资期限，这使他们可以更好地应对市值效应的波动性。相对于短期投资者，他们更能容忍市值效应的短期波动，因为他们有更长的时间来实现回报并弥补潜在的亏损。

第二，中期目标。中期投资者的投资目标通常与中期时间框架相吻合。他们可能计划在未来数年内购置房产、为子女教育储蓄或支持某个特定项目。市值效应的长期增长潜力与他们的目标相符，因此可能更适合他们的投资策略。

第三，风险和回报平衡。中期投资者通常会更加注重风险和回报之间的平衡。他们可能希望通过包括市值效应在内的多元化投资组合来实现风险分散，以减轻市值效应的波动性可能带来的风险。

（三）多样化

投资者的投资组合多样化程度也会影响其对市值效应的接受程度。那些已经在其投资组合中具有广泛多样化的投资者可能更容易接受市值效应，因为它可以进一步提高他们的多样化水平，降低特定风险的影响。

1. 投资组合多样化程度

第一，投资组合多样化程度的影响。投资组合多样化程度是投资者在构建其投资组合时所关注的关键因素之一。一个多样化的投资组合包含不同类型的资产，涵盖多个行业、地理位置和资产类别，以降低特定风险对整个投资组合的影响。对于那些已经在其投资组合中实现广泛多样化的投资者来说，他们可能更容易接受市值效应的存在。市值效应的引入可以进一步提高他们的多样化水平，有助于更好地分散投资风险。举例来说，如果一个投资者已经持有多种大市值公司的股票，那么将一些小市值公司的股票加入其投资组合可以减少大市值公司特定风险对投资组合整体表现的影响，实现更好的风险分散。

第二，风险分散效应的增强。多样化的投资组合旨在降低总体风险水平，同时提供长期增长潜力。市值效应的引入可以增强投资组合的风险分散效应。这是因为市值效应与其他因素（如行业、地理位置和资产类别）相互独立，具有不同的市场特性。市值效应的存在使得投资组合更具韧性，能够在不同市场条件下表现出色。因此，多样化投资者可能会将市值效应视为一种增强风险分散效应的方式，这有助于降低特定风险的影响，提高整体投资组合的抗风险性。

第三，长期增长潜力的考虑。投资者通常追求长期增长潜力，尤其是长期投资者。市值效应在长期内具有较高的回报潜力，因为它与公司规模相关，而公司的成长可能需要一段时间才能显现。对于那些已经拥有多样化投资组合的长期投资者来说，市值效应可以被视为一种长期增长策略。他们更能容忍市值效应所带来的短期波动，因为他们更关注长期增长。因此，市值效应可以被视为增加长期投资组合增长潜力的一种方式。

2. 长期增长潜力

第一，长期增长潜力的重要性。长期增长潜力是投资者关注的重要因素之一，尤其是对于长期投资者而言。这种潜力涉及资产在未来较长时间内可能实现的增值和回报。长期投资者通常追求资产的长期增值，以满足其未来财务目标，如退休储蓄、子女教育基金或其他财务计划。因此，他们更关注那些具有良好长期增长潜力的投资机会。

第二，市值效应的长期增长潜力。市值效应在长期内具有较高的回报潜力，这与公司规模相关。小市值公司通常有更多的成长空间，因为它们可以通过扩大市场份额或进入新市场来实现增长。这种增长可能需要一段时间才能显现，因此市值效应适合那些具有较长投资期限的投资者。市值效应的长期增长潜力使其成为一种吸引多样化投资组合的资产，特别是对于那些希望实现长期财务目标的投资者。

第三，长期增长与多样化的关系。多样化的投资组合旨在分散风险，同时提供长期增长潜力。市值效应的引入可以增强多样化投资组合的长期增长潜力。通过将市值效应与其他资产类别、行业和地理位置多样化的资产结合在一起，投资者可以获得更好的风险分散效应，并提高整体投资组合的韧性。这种多样化组合有助于投资者在不同市场条件下实现长期增长，并降低特定风险对整个投资组合的影响。

第六章 产品创新、营销与市场反应

第一节 产品创新与竞争优势

一、产品创新的定义和范围

（一）产品创新的概念

产品创新是指企业通过引入新的产品或改进现有产品，以满足市场需求、提高产品质量或创造竞争优势的过程。它包括产品功能、设计、性能、可靠性、成本和生产过程等方面的改进。

1. 产品创新的定义

产品创新是一种战略性的商业活动，它涉及企业引入新产品或对现有产品进行改进，以满足市场需求、提高产品质量、增加市场份额或实现竞争优势的过程。在全球商业环境中，产品创新已经成为企业生存和发展的关键因素之一。它不仅关乎企业的竞争地位，还对整个产业链和经济增长产生深远影响。

2. 产品创新的关键要素

第一，新产品引入。产品创新通常包括引入全新的产品，这些产品可能是市场上第一次出现，也可能是企业的全新产品线。新产品可以填补市场空白，满足新兴需求，或创造全新的市场机会。

第二，现有产品改进。产品创新还包括对现有产品的改进。这可能涉及提高产品的功能、性能、可靠性、安全性，或降低产品的成本、提高生产效率。通过不断改进现有产品，企业可以更好地满足客户需求，提高市场占有率。

第三，市场导向。产品创新通常是根据市场导向的，它需要深入了解市场趋势、客户需求和竞争环境。企业需要与客户互动，获取反馈，并根据市场需求进行调整，以确保新产品或改进能够满足市场期望。

第四,技术驱动。技术创新是产品创新的关键驱动力之一。企业需要投资于研发和技术基础设施建设,以支持新产品的开发和改进。新技术的应用可以帮助企业提供更具竞争力的产品。

第五,竞争优势。产品创新有助于企业建立竞争优势。通过提供独特的产品特性或性能,企业可以在市场上脱颖而出,吸引更多客户,实现市场份额的增加。

第六,可持续性。持续地进行产品创新是企业生存和可持续发展的关键。市场需求和技术环境不断变化,企业需要不断调整和改进产品,以适应这些变化,保持竞争力。

(二)创新范围

1. 创新领域的多样性

产品创新的范围是多样的,它不仅包括制造业,还覆盖服务业、高科技产业、数字领域以及商业模式的创新。以下是产品创新可能涉及的不同领域和行业:

第一,制造业。在制造业领域,产品创新通常涉及物理产品的设计、功能、性能、材料以及生产过程的改进。如汽车制造、电子产品、消费品、工业设备等。

第二,服务业。服务业也可以通过产品创新来提高服务质量和效率。例如,银行业可以通过创新的金融产品和服务来满足客户需求,电信业可以引入新的通信服务,医疗保健领域可以开发新的医疗设备和治疗方法等。

第三,高科技产业。高科技产业通常是创新的热点领域,包括信息技术、生物技术、新能源技术、人工智能等。在这些领域,产品创新可以引领技术进步,创造市场领导地位。

第四,数字领域。数字产品和服务的创新变得越来越重要。这包括移动应用程序、电子商务平台、社交媒体、在线娱乐等领域的创新。

第五,商业模式。产品创新还可以涉及商业模式的创新,即如何销售和分销产品。例如,订阅模式、共享经济模式、直销模式等都可以被视为商业模式的创新。

2. 跨领域创新

创新通常涉及跨领域的合作和知识转移。不同领域之间的交叉创新可以产生新的、跨足多个领域的产品和服务。例如,医疗领域可以借鉴航空工程的技术来改进医疗设备的设计,或者数字领域的数据分析技术可以用于改善制造业的生产过程。

二、产品创新对竞争优势的作用

(一)提高市场竞争力

1. 创新驱动的市场占有率提升

创新的产品通常具有独特的特点,能更好地满足客户需求,因此更受欢迎。这种竞争优势可以通过增加市场份额、提高销售收入来体现。

首先，通过不断创新产品，企业能够引入独特的产品特点，使其在市场中脱颖而出。这些特点可以包括新颖的功能、设计元素、性能提升或使用体验改进。例如，智能手机制造商不断推出新的功能，如更强大的相机、更长的电池续航时间、更快的处理器等，吸引了消费者的关注。

其次，创新产品通常更好地满足客户需求。企业通过了解市场趋势、消费者反馈和竞争对手的产品，可以准确把握市场需求并加以满足。这有助于吸引那些寻找符合其需求的客户，并提高市场占有率。例如，电动汽车制造商通过满足对环保和能源效率的需求，吸引了一批关注可持续出行的客户。

再次，创新还可以通过提高产品的质量和性能来提高市场竞争力。企业可以通过引入新的材料、工艺和技术来改进产品。这不仅能够提高产品的耐用性和可靠性，还能够满足客户的高要求，从而提高市场份额。例如，航空业不断引入新的材料和工程技术，提高飞机的安全性和效率。

最后，创新产品通常引发消费者的兴趣和好奇心，使他们更愿意尝试新产品。这种好奇心和兴奋感可以推动销售增长，帮助企业获得更多的市场份额。例如，科技公司发布新的智能家居设备时，吸引了对新技术感兴趣的消费者，提高了市场占有率。

2. 创新带来的定价权

消费者愿意为独特性和性能卓越的产品支付溢价，从而提高了产品的销售价格和利润率。这种定价权有助于企业在市场中获得更高的利润和更好的财务表现。

首先，满足不同层次客户的需求。创新产品通常能满足不同层次客户的需求，这使企业能够实施差异化定价策略。通过提供不同版本、配置或性能的产品，企业可以满足不同客户的需求，并为高端客户提供更高价的产品。例如，智能手机制造商通常推出标准版和高端版手机，高端版的价格更高。

其次，创新产品有助于企业建立品牌溢价。消费者愿意为创新性和独特性支付更高的价格。通过成功的创新，企业可以提高产品的感知价值，从而支持更高的价格定价策略。例如，豪华汽车制造商通常以高价销售其创新型车型，因为这些车型具有高度的独特性和卓越的性能。

再次，创新产品还可以支持附加价值服务的销售，进一步提高产品的价格定价能力。企业可以提供与创新产品相关的服务，如维修、技术支持、定期更新等，并为这些服务收取额外费用。这种增值服务可以增加客户黏性，并提高产品的整体价值。例如，软件公司提供订阅式软件服务，以获取更稳定的收入流。

最后，创新产品通常不容易受到价格竞争的冲击。因为这些产品在市场上独一无二，消费者难以找到替代品。这使企业能够在一定程度上抵制价格战的压力，保持较高的价格水平。例如，高端摄影器材制造商可以以更高的价格销售其创新产品，因为这些产品在性能和功能上独具优势。

（二）建立品牌价值

1. 塑造独特品牌形象

首先，通过产品创新，企业可以强调其创新性，并在市场上树立独特的品牌形象。消费者通常对新颖和独特的产品感兴趣，因此创新可以帮助企业脱颖而出。企业可以将其创新产品的特点和优势传达给消费者，强调其在技术、设计或性能方面的独特性。这有助于形塑品牌形象，使其与竞争对手区分开来。例如，苹果公司以其在设计和用户体验方面的创新而闻名，塑造了时尚和高端的品牌形象。

其次，产品创新也可以用来建立品牌的价值观和使命。企业可以通过创新产品的方式表达其对社会、环境或其他价值观的承诺。这有助于吸引具有相似价值观的消费者，并建立品牌的独特性。例如，一些食品公司通过创新推出有机和可持续产品，强调对环境和健康的关注，从而树立了与传统食品公司不同的品牌形象。

最后，创新产品可以触发消费者的情感共鸣，从而建立更深层次的品牌关系。通过满足消费者的需求、激发兴趣或解决问题，创新产品可以引起消费者的情感反应。企业可以利用这些情感反应来建立与品牌的情感连接，使消费者更倾向于选择该品牌的产品。例如，一家户外运动装备公司通过创新设计出高性能产品，激发了消费者对冒险和户外活动的热情，建立了积极的品牌情感。

2. 提高品牌忠诚度

首先，提供卓越的用户体验。产品创新通常与改进用户体验相关。当企业通过创新提供更方便、更高效或更愉悦的用户体验时，客户更有可能对品牌产生积极的情感。这种卓越的用户体验可以包括更直观的界面、更便捷的购物流程或更快速的客户服务响应。例如，手机制造商可以通过创新的操作系统、更高分辨率的屏幕和更强大的摄像头来提高用户体验，促使客户更喜欢他们的产品。

其次，满足客户需求。创新产品通常能够更好地满足客户的需求。当客户发现企业的产品能够解决他们的问题或满足他们的期望时，他们更有可能对品牌产生忠诚。企业可以通过深入了解客户需求和反馈，引入创新来改进产品。例如，一家食品公司可以通过创新的产品配方来满足客户对更健康、更营养的食品的需求，从而赢得客户的忠诚。

再次，提供独特价值。创新产品通常提供独特的价值，这有助于企业在竞争激烈的市场中脱颖而出。客户更有可能对那些能够提供不同于竞争对手的价值的品牌产生忠诚。企业可以通过独特的功能、性能、设计或价格定位来提供独特的价值。例如，一家汽车制造商可以通过引入独特的驾驶辅助技术或豪华内饰来提供与竞争对手不同的价值，建立客户的忠诚。

最后，建立情感连接。创新产品可以帮助企业建立与客户的情感连接。当客户感受到企业对他们需求的关注，并通过创新产品提供解决方案时，他们更有可能对品牌产生情感联系。这种情感联系可以通过品牌的价值观、使命和故事来进一步强化。企业可以通过与客户建立积极的情感联系，使客户愿意长期支持品牌。

（三）降低生产成本

1. 生产过程的效率提升

首先，引入新的生产技术。创新可以表现为引入新的生产技术，以改进生产效率。新的生产技术通常能够更快速、更精确地制造产品，从而降低生产时间和成本。例如，3D打印技术的发展使制造业公司能够以更快的速度生产零部件和原型，减少了传统制造过程中的浪费和等待时间。

其次，自动化系统的应用。自动化系统是另一个提高生产效率的创新领域。企业可以投资于自动化生产线、机器人技术和自动化仓储系统，以减少人工操作，提高生产速度和一致性。自动化系统还能够在不间断的生产中提高精度和质量控制水平。

再次，智能制造的采用。智能制造是一种通过整合物联网（IoT）和数据分析来优化生产过程的方式。企业可以采用传感器和数据分析工具来监测设备运行状况、预测维护需求和优化生产排程。这种数据驱动的智能制造使企业能够更好地管理生产资源，提高生产效率，并减少生产停机时间。

最后，材料优化的实施。材料优化是另一种提高生产效率的方式。通过使用更轻、更坚固或更可持续的材料，企业可以减少原材料成本和产品重量。这不仅降低了生产成本，还可以减少运输成本和碳足迹。例如，在航空业，采用轻量化材料如碳纤维可以减少飞机的燃料消耗，提高运营效率。

2. 节约资源和能源

首先，减少废料和资源浪费。创新可以帮助企业更有效地利用资源，减少废料和资源浪费。通过优化生产流程、改进材料选择和采用循环经济原则，企业可以降低原材料消耗并最大限度地回收和再利用废弃物。这不仅有助于节约资源，还有助于降低生产成本。

其次，降低能源消耗。创新也可以包括降低能源消耗的方法。企业可以采用节能技术、智能控制系统和可再生能源等创新方式，减少对非可再生能源的依赖，降低能源成本，并降低碳排放。这有助于企业实现可持续能源管理，减少对有限能源资源的压力。

再次,提高资源效率。创新还可以通过提高资源效率来节约资源。企业可以采用更高效地生产方法、优化供应链管理和改进设备维护,以提高资源的利用率。这种资源效率提高不仅有助于节约资源,还可以提高生产的可持续性。

最后,实现可持续发展目标。通过创新节约资源和能源,企业可以实现可持续发展的目标。这符合社会责任和环境可持续性的原则,有助于企业维护良好的社会形象。此外,一些国际标准和认证要求企业采用可持续资源管理和环保实践,以确保其在全球市场上的竞争力。

(四)增强客户满意度

1. 满足客户需求

首先,定制化产品。产品创新可以使企业更好地满足客户的个性化需求。通过提供定制化选项,客户可以根据自己的偏好和需求定制产品。例如,智能手机制造商提供了各种不同配置和功能的手机,以满足不同客户群体的需求。这种个性化产品有助于提高客户的满意度,因为他们可以选择符合其特定需求的产品。

其次,改进用户体验。产品创新还可以改进用户体验,使产品更易于使用和操作。通过增加用户友好性、改进界面设计和提供详尽的用户手册,企业可以降低客户使用产品时的难度,提高其满意度。例如,智能家居设备制造商不断改进其应用程序界面,以确保用户能够轻松控制设备,提高了用户体验。

再次,提供附加价值。产品创新可以通过提供附加价值来满足客户需求。企业可以通过添加额外的功能、服务或资源来增强产品的吸引力。例如,汽车制造商提供免费的维修和保养服务,为客户提供了额外的价值。这种额外的价值可以增强客户的满意度,因为他们感到自己获得了更多的回报。

最后,持续改进。产品创新也包括持续改进的概念。企业可以不断收集客户反馈,并根据市场趋势和技术发展来改进其产品。这种持续改进有助于确保产品始终能够满足客户不断变化地需求和期望。企业可以通过定期发布更新或升级来确保产品保持竞争力。

2. 提供卓越的用户体验

首先,用户友好性。产品创新可以通过增加用户友好性来提供卓越的用户体验。新的设计元素、交互功能和用户界面改进可以使产品更易于使用和理解。例如,手机应用程序的更新通常包括更简洁、直观的界面设计,以提高用户的满意度。用户友好的设计可以降低客户在使用产品时的困难感,提高他们的满意度。

其次,提高性能。性能提升也是提供卓越用户体验的关键因素之一。产品创新可以包括提高产品的速度、响应时间和可靠性。例如，电子设备制造商不断改进其产品的处理能力和电池寿命，以提供更出色的性能。这种性能的提高可以满足客户对高效工作和高质量体验的需求，提高他们的满意度。

再次，个性化体验。产品创新还可以通过提供个性化体验来增强用户满意度。企业可以根据客户的偏好和行为定制产品功能。例如，流媒体平台根据用户的观看历史和兴趣推荐内容，以提供个性化的娱乐体验。这种个性化体验可以增加客户的参与度和满意度，因为他们感到产品是为他们量身定制的。

最后，用户支持和培训。卓越的用户体验也包括有效的用户支持和培训。产品创新可以包括提供更好的客户支持通道、在线帮助和培训资源。客户可以通过获得及时的支持和培训来更好地理解和利用产品，从而提高他们的满意度。有效的用户支持可以解决问题，增强客户对产品的信任感。

三、企业创新的影响因素

（一）影响企业创新的内部因素

1. 组织文化与领导层支持

第一，创新文化的重要性。组织文化是企业内部的价值观、信仰和行为规范的集合，对于创新至关重要。在创新文化中，员工被鼓励思考创新性的解决方案，尝试新想法，并接受失败。这种文化为员工提供了探索新领域、挑战传统做法的机会，从而激发他们创新的动力。创新文化还强调团队协作、开放的沟通和知识分享，使创新变得更加容易。

第二，领导者的关键作用。领导者在创新文化的塑造和推动中扮演着关键的角色。他们需要提供明确的愿景和目标，强调创新的重要性，并以身作则。领导者的支持可以表现为提供资源、设定创新目标、鼓励员工提出建议、并公开表扬创新成果。领导者还需要促进创新团队的协作，创造一个开放的环境，鼓励多样性的思考和观点。

第三，基于信任的文化。创新需要员工感到安全，才敢于提出不同寻常的观点和尝试新方法。因此，基于信任的文化是支持创新的关键。企业可以通过建立信任和透明度的机制，如反馈渠道、匿名建议箱和开放的讨论平台，来鼓励员工分享意见和反馈。此外，领导者需要表现出对员工的信任，以鼓励他们自主创新。

第四，创新激励机制。为了进一步推动创新，企业可以实施创新激励机制。这包括奖励制度、创新竞赛和特别项目的资金支持。奖励可以是金钱奖励、晋升机会、特殊奖品或公开认可。这些激励可以激发员工的积极性，促使他们积极参与创新活动。

2. 研发与创新投入

第一，创新投入的多维度。创新投入包括研发资金、人力资源和技术设备等多方面。首先，研发资金是支持创新活动的基础。企业需要投入足够的资金来开展研究和实验，推动新产品和技术的开发。其次，人力资源是创新的关键驱动力。拥有高度有创新潜力的员工团队，如研究科学家、工程师和设计师，可以推动创新的不断发展。最后，技术设备和工具是支持创新的重要资源，包括实验室设备、计算机软件和原型制造设备。

第二，创新投入的挑战。尽管创新投入对企业的成功创新至关重要，但企业面临着资源有限性和成本压力的挑战。因此，企业需要明智地分配资源，确保其在创新领域取得最大的回报。这需要进行投资组合优化，考虑每种资源的机会成本和预期回报。同时，企业还需要定期评估和调整创新投入策略，以适应市场变化和技术趋势。

第三，开放创新模式。除了内部创新投入，企业还可以采用开放创新模式。这意味着企业与外部合作伙伴、创新生态系统和初创企业合作，共享资源和知识。开放创新可以加快创新速度，减少研发成本，并获得来自不同领域的专业知识。企业需要建立有效的合作伙伴关系，以实现开放创新的潜力。

3. 人才与员工创新能力

第一，招聘和留住创新人才。企业需要积极招聘和留住具有创新潜力的员工。招聘过程应该关注候选人的创新能力、创造力和适应性。此外，企业需要提供具有竞争力的薪酬和福利，以吸引和留住高素质的创新人才。员工的流动性也应受到关注，因为他们可能会在不同企业之间分享知识和经验。

第二，创新培训与发展。创新是一种可培养的能力。企业可以通过创新培训和发展计划来提高员工的创新能力。这包括提供创新方法和工具的培训、鼓励员工参加创新项目和团队合作，以及为他们提供学习机会，如研讨会、研究计划和创新竞赛。员工的不断学习和发展可以帮助他们更好应对不断变化的市场和技术挑战。

第三，创新团队的构建。创新通常是一个团队努力的结果。企业可以构建跨职能团队，将不同领域的专业知识和技能汇集在一起，以解决复杂的问题和挑战。跨部门的协作和多样性的思考可以推动创新，促进不同观点和创意的碰撞。同时，团队领导者需要具备激发创新的领导风格，鼓励团队成员发挥创造力。

第四，创新文化的塑造。除了组织整体的文化，企业还可以通过特定活动来塑造创新文化。这包括组织创新活动和挑战，鼓励员工提出新的想法，并将创新纳入绩效评估体系。企业还可以建立创新孵化器和实验室，为员工提供专门的创新空间和资源，以鼓励他们进行实验和尝试。

4. 知识管理与学习机制

第一，知识的积累和分享。企业需要有效地管理和利用内部知识资源。这包括知识的积累、分享和传递。企业可以建立知识库、内部社交平台和专业团队，以便员工能够随时访问和分享知识。知识的流通还可以通过定期的会议、研讨会和跨部门交流来促进。

第二，学习和反思的机制。创新需要不断学习和改进。企业可以建立学习机制，鼓励员工参加培训、研讨会和学术研究。此外，定期的项目评估和反思是推动创新的关键。企业可以组织项目回顾会议，让团队成员分享经验和教训，以改进未来的创新活动。

第三，多元文化和多样性的重要性。多元文化和多样性对知识管理和创新机制有积极影响。不同文化背景和观点的员工可以带来新的思考方式和创新解决方案。因此，企业应该鼓励多元化，包括性别、种族、文化和思维方式的多样性。多元团队更有可能产生创新性的想法，并更好地满足不同客户群体的需求。

5. 创新流程与管理

第一，创新流程的设计。创新流程的设计是确保创新活动有组织和有效进行的关键。企业需要明确定义创新的各个阶段，包括创意生成、评估、开发和推广。每个阶段都需要制订明确的目标、角色和时间表。创新项目的流程设计还应考虑风险管理和决策制定机制，以便在必要时进行调整。

第二，项目管理和监督。创新项目需要进行有效的项目管理和监督。项目经理和团队领导者需要确保项目按计划执行，资源得到合理分配，成本控制得当。监督也包括对项目风险和问题的及时识别和解决。有效地项目管理可以确保创新项目按时交付，并在预算内按期完成。

第三，持续改进和学习。创新流程应该是一个不断改进和学习的过程。企业可以建立反馈机制，收集员工的建议和意见，以改进创新流程。此外，对已完成项目的评估和总结也可以为未来的创新积累宝贵的经验教训。持续改进和学习可以提高创新效率和质量。

6. 风险承受能力与失败文化

第一，风险承受能力的重要性。创新通常伴随着不确定性和风险。企业的风险承受能力决定了其是否能够在面对挑战和失败时坚持创新。高风险承受能力的企业更有可能承受短期的不确定性，以期得到长期的创新收益。风险管理策略和机制可以帮助企业在创新过程中降低潜在的风险。

第二，失败文化的鼓励。失败文化是一种鼓励员工尝试新事物，并视失败为学习机会的文化。失败并不等于彻底的失败,而是一种积极的尝试,它会带来了有价值的经验。企业可以通过表扬员工的勇气和创新精神,以及提供支持和资源来鼓励失败文化。失败文化可以减轻员工对失败的恐惧,从而激发创新的积极性。

(二)影响企业创新的外部因素

1. 市场竞争与市场需求

第一,市场竞争的影响。市场竞争是企业创新的主要外部驱动因素之一。在竞争激烈的市场中,企业不仅需要不断提高现有产品和服务的质量和性能,还需要寻求创新的方式来脱颖而出。竞争对手的存在迫使企业寻找新的差异化策略,创造独特的价值主张,以吸引客户并提高市场份额。

第二,市场需求的变化。市场需求的变化是企业创新的关键动力之一。消费者的需求和偏好会随着时间不断变化,企业需要敏锐地察觉这些变化并做出相应的调整。例如,随着环保意识的提高,消费者对可持续产品和绿色技术的需求增加,这促使企业开发和提供更环保的解决方案。

第三,客户反馈与市场研究。为了了解市场需求和客户偏好的变化,企业通常会进行市场研究和客户反馈收集。市场研究可以为企业提供市场趋势、竞争分析和潜在机会的信息。客户反馈则可以帮助企业了解客户对产品和服务的满意度以及改进的空间。这些信息可以直接影响企业的创新策略,以满足市场需求。

2. 技术进步与科技生态系统

第一,技术进步的影响。技术进步是企业创新的关键外部因素之一。新的技术和发展可能催生新的市场机会,改变行业竞争格局。企业需要密切关注技术趋势,以确保他们在技术方面保持竞争力,并能够利用新技术来提高产品和服务的质量和效率。

第二,科技生态系统的作用。科技生态系统是由各种科技公司、初创企业、研究机构和创新平台组成的生态系统。企业参与科技生态系统可以获得新技术、资源和合作伙伴。例如,合作伙伴关系和创新联盟可以加速技术开发和知识共享,为企业提供创新的机会。

第三,开放创新与知识共享。开放创新模式强调企业与外部合作伙伴之间的知识共享和资源共享。企业可以与其他公司、大学和研究机构建立合作关系,共同研发新技术和解决方案。这种知识和资源的开放共享可以降低研发成本,加快创新速度,并提高创新的质量。

3. 政策与法规环境

第一,政府创新政策的影响。政府政策和法规环境对企业创新有深远地影响。政府可能通过创新激励措施来鼓励企业投资研发和创新活动。这些措施包括研发税收抵免、补贴和奖励计划。政府还可以制定知识产权法律，以保护创新成果的知识产权。

第二，法规对创新的限制。法规也可能对某些创新领域施加限制。例如，医药行业受到严格的药品监管法规的约束，这可能增加新药研发的时间和成本。环境法规也可能影响某些行业的创新，因为企业需要遵守环保标准。

第三，法律风险与合规性。企业在创新过程中需要谨慎考虑法律风险和合规性。不合法的创新活动可能会导致法律纠纷和罚款。因此，企业需要建立法律团队或咨询律师，以确保其创新活动符合法规要求。

4. 社会文化与消费者行为

第一，社会文化的变化。社会文化和消费者行为的变化对企业创新产生了重大影响。随着社会价值观的变化，消费者对产品和服务的期望也发生了变化。例如，可持续性和环保已经成为许多消费者的重要考虑因素，促使企业开发更环保的解决方案。

第二，消费者需求的多样性。消费者需求的多样性要求企业提供多样化的产品和服务。这种多样性可以通过不断创新来满足。企业需要了解不同客户群体的需求，定制产品和服务，以提高客户满意度。

第三，社会责任和可持续性。社会责任和可持续性已经成为企业创新的重要驱动因素。企业需要重视社会责任，包括员工福利、社区参与和公益活动。可持续性也需要考虑产品和生产过程的环境影响，以及资源的有效利用。企业可以通过开发可再生能源、减少废物产生和采用可持续材料来推动创新，以满足社会的期望。

5. 合作伙伴关系与竞争格局

第一，合作伙伴的作用。合作伙伴关系对企业创新起关键作用。与其他公司、研究机构和初创企业建立合作伙伴关系可以提供创新所需的资源和知识。这种合作可以涉及共同研发项目、技术交流和市场合作。通过与合作伙伴合作，企业可以加速创新活动，降低研发风险，扩大市场渗透。

第二，竞争格局的影响。竞争格局也会影响企业的创新策略。在竞争激烈的市场中，企业需要不断创新来保持竞争优势。竞争对手的行动和创新举措可能会促使企业采取相应的行动，以保持市场地位。竞争格局也可以激发企业开发新的差异化策略，以满足客户需求。

第三，创新生态系统的建立。一些企业积极参与创新生态系统的建立。这包括创建创新孵化器、投资初创企业和支持创新生态系统的发展。通过建立这样的生态系统，企业可以获取新的创新机会、吸引创新人才，并保持与最新技术趋势的同步。

第二节 营销策略与市场表现

一、市场定位和目标市场

(一)市场定位和目标市场的重要性

市场定位和目标市场选择是企业营销战略中至关重要的一环。明确定位和准确定义目标市场可以为企业带来以下好处。

1. 资源优化

首先,市场定位帮助企业明确自己在市场中的位置,明白自己的核心竞争优势。这使得企业能够更精确地将资源投入到最有潜力的市场领域,而不是将资源分散在无关紧要的市场上。

其次,资源优化也意味着企业能够更有效地进行市场活动。因为企业明确了目标市场,他们可以更针对性地制定营销策略,提高广告和促销的精准性,从而降低了市场活动的成本,提高了效率。

2. 差异化竞争

首先,市场定位有助于企业建立独特的品牌形象。通过明确的定位,企业能够强调自己与竞争对手的差异,突出产品或服务的独特卖点,从而吸引更多客户的关注。

其次,在竞争激烈的市场中,差异化是企业脱颖而出的关键。明确的市场定位使企业能够通过提供独特的价值主张来吸引客户,这有助于建立长期的竞争优势。

3. 市场扩展

首先,一旦企业在特定市场中取得成功,就可以根据成功的市场定位策略,将相似的策略复制到新的市场领域。这种市场扩展更加有针对性,减少了不必要的试错成本。

其次,通过明确的市场定位,企业可以建立强大的品牌资产。这些品牌资产可以在进入新市场时为企业提供信誉和认可度,使市场扩展更加顺利。

4. 客户保留

首先,目标市场的准确定义有助于企业更好地理解客户的需求。通过深入了解目标市场的特点,企业可以提供更符合客户期望的产品或服务,提高客户的满意度。

其次,明确的市场定位有助于企业提供连贯的价值体验。客户在不同交互中得到一致的品牌体验,这有助于建立客户的信任和忠诚。

（二）市场定位的定义和实践

1. 市场定位的定义

市场定位是企业制定营销战略的重要组成部分。它是一种策略性的过程，旨在确定企业产品或服务在市场中的独特位置，以满足客户的需求并实现竞争优势。市场定位不仅涉及产品或服务的特征，还包括定价策略、目标客户群体和市场传播方式的选择。

市场定位的目标是使企业能够在竞争激烈的市场中脱颖而出，并为客户提供有吸引力的价值主张。通过明确定位，企业能够更好地满足客户需求，提高客户满意度，同时能够优化资源利用，提高市场营销效率。

2. 市场研究

市场定位的实践通常需要进行广泛的市场研究，以深入了解目标市场的消费者。消费者调查包括定性和定量研究，以了解他们的需求、喜好和购买行为。这些数据可用于确定产品或服务的特征和市场传播方式。

了解竞争环境是市场定位的关键。企业需要分析竞争对手的产品或服务，了解他们的市场份额、优势和劣势。这有助于确定如何在市场中找到独特的定位。

市场定位还需要考虑市场趋势和未来的发展方向。这包括了市场的增长潜力、新技术的影响以及消费者行为的演变。趋势研究可以帮助企业调整其定位策略以适应不断变化的市场需求。

市场定位的一部分是将市场细分为不同的客户群体。这涉及将市场划分为具有相似需求和特征的小组，以便更好地满足他们的需求。市场细分有助于个性化定位策略的制订。

3. 产品定位

产品定位是市场定位的核心。它涉及确定产品的独特卖点，即产品提供了什么样的价值和好处，与竞争对手相比有何优势。明确的独特卖点有助于客户更好地理解产品的价值。

品牌形象是产品定位的重要组成部分。通过建立一个强大的品牌形象，企业可以在客户心中树立自己产品的权威性和可信度。品牌形象不仅体现在产品外观方面，还包括企业文化和价值观。

市场定位陈述是将产品或服务的定位传达给目标市场的关键工具。它是一句简明扼要的描述，强调了产品的核心特点和价值。市场定位陈述有助于确保一致的传播和品牌形象。

(三)目标市场的选择和影响

1. 目标市场的选择

选择目标市场的第一步是分析客户的需求。企业需要了解潜在客户的特点、偏好和需求,以确定哪些市场段最适合满足这些需求。

除了客户需求,市场规模也是选择目标市场的重要考虑因素。企业需要评估不同市场段的市场规模和潜在增长机会,以确定哪些市场最具吸引力。

竞争程度对目标市场的选择也有重要影响。企业需要分析不同市场端的竞争情况,了解是否存在高度竞争或未被满足的市场机会。

目标市场的选择还必须考虑企业的资源状况。这包括资金、人力资源和技术能力。企业需要确保能够支持所选择的目标市场战略。

2. 不同目标市场的影响

如果企业选择面向高端市场,它需要提供高品质的产品或服务,并采用卓越的服务策略。高定价策略可能会提高销售收入和利润率,但也可能限制市场份额的增长。

针对大众市场的企业通常采用低价策略,追求大规模销售。这可能导致较低的利润率,但可以实现市场份额的快速扩大。

一些企业选择同时面向多个目标市场,以最大限度地扩大市场份额。这需要灵活的营销策略,以满足不同市场的需求和特征。多目标市场策略可以增加销售收入的多样性,降低市场风险。

目标市场的选择不是一成不变的,它可能随着市场的变化而调整。企业需要定期评估目标市场的动态性,包括市场趋势、竞争格局和客户需求的变化。灵活性是成功市场定位的关键,企业需要随时调整策略以适应新的市场条件。

二、品牌建设和市场知名度

(一)品牌建设对市场知名度的影响

品牌建设是企业战略中的一个关键组成部分,对市场知名度产生深远的影响。

1. 建立品牌声誉

良好的品牌声誉是市场知名度的关键因素之一。通过提供高质量的产品或服务、履行社会责任、维护客户满意度,企业可以建立良好的品牌声誉,吸引更多的消费者。

首先,提供高质量的产品或服务。提供高质量的产品或服务是建立品牌声誉的核心。高品质的产品或服务可以满足客户的期望,建立客户信任,从而增强品牌声誉。以下是实现高品质的关键因素:第一,产品设计和制造质量。产品的设计和制造质量直接影响产品性能和寿命。通过投资于研发和制造流程的改进，企业可以提高产品的质量标准。第二，客户服务。良好的客户服务是建立品牌声誉的关键因素之一。快速、友好和专业的客户支持有助于解决客户问题并提供满意的购物体验。第三，产品可靠性。产品的可靠性和持久性是消费者评价品牌的重要标准之一。品牌应确保其产品具有高度可靠性，以减少维修和替换成本。第四，持续改进。企业应不断改进其产品和服务，以适应市场需求和技术进步。这可以通过定期收集客户反馈、进行市场研究和投资于研发来实现。

其次，履行社会责任。企业的社会责任表现也是建立品牌声誉的关键因素之一。消费者越来越关注企业的社会责任和可持续经营实践。以下是履行社会责任的方式：第一，环保实践。企业可以采取环保措施，减少环境影响，例如减少废物产生和污染，使用可再生能源，支持环保项目等。第二，社区参与。参与社区活动和慈善事业是建立积极社会声誉的一种方式。企业可以支持当地社区项目、慈善机构和社会公益事业。第三，道德商业实践。遵守商业道德和透明度原则对于品牌声誉至关重要。不诚实、欺诈或不道德的商业行为可能损害品牌声誉。

最后，维护客户满意度。客户满意度是品牌声誉的重要组成部分。满意的客户更有可能成为品牌的忠实支持者，并在社交圈内传播积极的口碑。以下是维护客户满意度的策略：第一，快速响应。及时响应客户问题和需求是关键。客户期望能够在需要帮助时迅速得到回应。第二，个性化服务。个性化的客户服务可以根据客户的需求和偏好进行定制，提高客户满意度。第三，客户反馈。收集客户反馈并采取措施来改进产品和服务。客户反馈可以帮助企业更好地满足客户期望。第四，客户教育。提供有关产品和服务的信息，帮助客户充分了解和利用它们，从而提高客户满意度。

2. 品牌传达价值观

如果消费者与品牌的价值观产生共鸣，他们更有可能成为品牌的忠实支持者，从而提升品牌的知名度。

首先，塑造品牌故事。品牌建设过程中，企业可以通过品牌故事来传达其价值观。品牌故事是一种强大的工具，可以将企业的历史、愿景和使命融入其中。这个故事可以引起共鸣，使消费者更容易理解和认同品牌的核心价值观。

其次，选定品牌代言人。一些企业选择知名人士为品牌代言人来传达其价值观。这些代言人通常与品牌的价值观相符，通过他们的声音和形象将品牌的价值观传递给广大消费者。这种策略可以加强品牌的认可度和可信度。

再次，社会责任活动。企业可以通过参与社会责任活动来传达其价值观。例如，一家公司可以积极支持环保倡议，这表明他们关心环境可持续性。这种参与社会责任的举措可以与品牌的核心价值观相一致,并增强消费者对品牌的正面印象。

最后,品牌标语和口号。品牌的标语和口号可以成为传达核心价值观的有效方式。一个简洁而有表现力的口号可以传达品牌的使命和愿景,让消费者更容易理解品牌的核心价值观。

3. 广告和宣传

首先,广告和宣传活动可以帮助企业提高品牌的知名度。通过在各种媒体渠道投放广告,企业可以将品牌信息传递给更多的潜在客户。广告的重复曝光有助于加强品牌的印象,使消费者更容易记住品牌名称和标识。

其次,广告和宣传不仅是传达产品或服务的媒介,还可以塑造品牌的整体形象。通过选择合适的广告语言、图像和音乐,企业可以传达品牌的特点、文化和价值观。这有助于形成与品牌相关的情感联系,引起共鸣,并吸引更多的目标受众。

再次,广告和宣传活动可以突出产品或服务的独特卖点。通过强调产品的特色和性能,企业可以向消费者传达为什么应该选择他们的产品而不是竞争对手的产品。这有助于建立品牌的竞争优势,并吸引更多的客户。

最后,广告和宣传可以帮助企业建立与品牌相关的正面联想。通过将品牌与愉悦、幸福、成功或其他积极情感联系在一起,企业可以在消费者心目中塑造积极的品牌形象。这种情感联系有助于提高品牌的吸引力。

(二)市场知名度的重要性

市场知名度对企业的市场表现至关重要,具体如下。

1. 吸引客户

首先,吸引客户对于企业的生存和发展至关重要。客户是企业的生命线,没有客户,企业将无法维持运营。因此,吸引客户是企业取得成功的第一步。

其次,吸引客户可以增加销售机会。客户通常更容易选择他们熟悉和信任的品牌。高知名度和良好的品牌声誉可以增加客户对企业的信任感,从而提高销售机会。当客户信任品牌时,他们更有可能购买其产品或服务。

再次,吸引客户有助于扩大市场份额。通过吸引更多的客户,企业可以扩大其市场份额,与竞争对手保持竞争优势。市场份额的增加还可以带来更多的销售收入和利润。

最后,吸引客户有助于建立客户基础。一旦客户选择了某个品牌并对其满意,他们便有可能成为忠实客户,长期购买该品牌的产品或服务。建立忠诚的客户基础可以为企业提供稳定的收入流和口碑传播。

2. 扩大市场份额

首先,市场份额是衡量企业在特定市场中的地位和竞争力的关键指标。随着市场份额的增加，企业在市场上的地位变得更为稳固，更有可能获得长期竞争优势。这对于企业的持续发展和盈利至关重要。

其次，扩大市场份额可以获得更多的销售收入和利润。当企业在市场中占据更大的份额时，它们有更多的机会销售产品或服务，从而增加销售收入。此外，市场份额较大的企业可以更有效地利用规模经济，降低生产成本，提高利润率。

再次，市场份额的增加可以为企业带来更多的资源和资本。投资者和金融机构通常更愿意投资市场份额较大的企业，因为它们被视为更为稳定和有潜力的投资。这意味着企业可以更容易地获得资金，用于扩张、创新和发展新的市场。

最后，市场份额的扩大还可以帮助企业降低竞争风险。在市场份额较大的情况下，企业更能够抵御竞争对手的威胁，更有能力应对市场变化和不稳定因素。这会使企业更加强大和稳健。

3. 支持定价策略

首先，高知名度的品牌可以更容易实施高溢价定价策略。这是因为消费者通常与知名品牌建立了信任和忠诚度，他们相信这些品牌的产品或服务具有高质量、可靠性和价值。因此，他们更愿意为这些品牌的产品支付更高的价格，因为他们相信会得到相应的回报。

其次，高知名度的品牌可以在市场上建立更高的价格标杆。这意味着其他竞争对手通常需要在价格上与知名品牌保持竞争，以吸引相同的目标客户。知名品牌的存在可以为整个市场设定价格的上限，从而支持更高的价格定价策略。

再次，高知名度的品牌通常能够更轻松地实施差异化定价策略。差异化定价允许品牌根据不同的市场、产品特性或客户群体设定不同的价格。由于消费者对品牌有高度的信任，他们更容易接受这种差异化的价格策略。这使得品牌可以更灵活地应对市场需求和竞争态势。

最后，高知名度的品牌通常能够更好地应对价格弹性。价格弹性是指市场上对价格变化的敏感程度。知名品牌的消费者通常对价格不太敏感，因为他们更关注品质和品牌声誉。这使得品牌可以在一定程度上提高价格，且不会导致销量大幅下降，从而提高利润率。

三、产品和服务质量

提供高质量地产品和卓越地客户服务是建立竞争优势和品牌声誉的关键因素之一。以下是与高质量产品和服务相关的内容。

（一）产品质量

高质量的产品通常具有更长的寿命、更好的性能和更低的故障率。这可以提高客户满意度，减少售后问题，降低成本并增加品牌声誉。

1. 产品质量对企业的重要性

产品质量在企业的成功和竞争优势中起着至关重要的作用。以下是产品质量对企业重要性的一些方面：

第一，客户满意度提高。高质量的产品通常能够满足客户的期望，并提供卓越的性能和价值。这使客户更满意，更有可能忠诚于品牌，并愿意重复购买。

第二，减少售后问题。高质量的产品通常具有较低的故障率和维修需求。这可以减少售后支出，提高产品可用性，降低客户投诉率，并增强企业的声誉。

第三，降低成本。质量管理和质量保证可以降低产品制造和维护的成本。通过减少废品率、降低维修费用和提高生产效率，企业可以实现更高的利润率。

2. 影响因素

高质量产品的制造和交付不仅依赖于工艺和技术，还受到其他因素的影响：

第一，供应链管理。供应链中的每个环节都需要严格的质量控制，以确保原材料和组件的质量符合标准。供应商选择和合作也对产品质量至关重要。

第二，质量标准和认证。遵守国际和行业相关的质量标准和认证对于确保产品质量至关重要。这包括 ISO 认证、CE 认证等。

第三，员工培训和文化。企业的员工需要接受质量培训，以了解质量标准和流程，并积极参与质量改进。企业文化也应强调质量优先。

3. 品牌声誉和竞争优势

高质量的产品可以帮助企业建立良好的品牌声誉，这对于竞争优势至关重要。良好的品牌声誉可以吸引更多的客户，提高市场份额，并使企业在市场中建立可持续的竞争优势。消费者通常更愿意信任和购买具有良好声誉的品牌。

（二）客户服务

卓越的客户服务是建立客户忠诚度的关键。良好的客户服务包括及时响应客户问题、提供解决方案、处理投诉以及提供有关产品和服务的信息。

1. 卓越的客户服务

卓越的客户服务对于企业是至关重要的。它涵盖了多个方面，包括但不限于以下几个方面。

（1）及时响应客户问题

及时响应客户问题是卓越客户服务的核心要素之一。客户通常希望在遇到问题或需要帮助时能够快速得到回应。企业需要建立高效的客户服务团队和渠道，以确保客户的问题能够及时得到解决。这包括以下几个方面：第一，多渠道支持。企业可以通过电话、电子邮件、在线聊天、社交媒体等多种渠道提供客户支持。这样客户可以选择最适合他们的联系方式。第二，自动化工具。利用自动化工具如自动回复电子邮件、常见问题解答（FAQs）等，可以更快速地回应客户的常见问题，释放客服团队处理更复杂问题的时间。第三，24/7支持。如果可能，提供全天候的客户支持可以确保客户在任何时间都能获得帮助，尤其是涉及全球市场的企业。

（2）提供解决方案

卓越的客户服务不仅是回答问题，还包括提供解决方案。客户通常寻求解决问题或满足需求的方法。为了提供解决方案，企业可以考虑以下措施：第一，培训客服团队。员工需要接受培训，以了解产品或服务的功能和操作，以便向客户提供准确的解决方案。第二，建立知识库。创建一个包含产品或服务相关信息的知识库，供客服团队和客户自助查询，以解决常见问题。第三，定制解决方案。对于复杂的问题，企业可以考虑提供定制解决方案，以满足特定客户的需求。

（3）处理投诉

处理投诉是维护客户关系的重要一环。遇到客户有问题或不满意的情况，而企业需要能够及时处理这些问题并回应客户的投诉。以下是处理投诉的关键要点：第一，建立投诉渠道。提供多种途径，如电话、电子邮件、在线表格等，以便客户提交投诉。第二，快速反应。对于投诉，尽快回应客户并告知他们问题正在处理中。客户希望他们的问题受到认真对待。第三，透明和公平。处理投诉时，要保持透明和公平。客户需要明白问题的原因和解决方案，也要感到他们的意见得到了重视。

（4）提供产品和服务信息

提供准确和清晰地产品服务信息对客户作出明智的购买决策至关重要。以下是提供信息的方式：第一，详细的产品文档。提供产品手册、规格表、用户指南等详尽的文档，以帮助客户了解产品的功能和使用方法。第二，在线资源。在公司网站上提供产品和服务的详细信息，包括常见问题解答、技术支持文章和视频教程。第三，客户支持团队。客服团队应该具备充分的产品知识，能够向客户提供关于产品和服务的详细信息。

2. 卓越客户服务的影响

卓越的客户服务可以带来多方面的影响，对企业的市场表现和竞争优势产生积极影响。

（1）客户忠诚度提高

当客户感受到良好的客户服务时，他们更有可能保持忠诚度，不仅会继续购买该品牌的产品或服务，还会成为品牌的忠实支持者，为其口碑传播作出贡献。

（2）市场份额增加

通过提供卓越的客户服务，企业可以吸引新客户并留住现有客户，逐渐增加市场份额。这对于市场扩张和竞争优势至关重要。

（3）声誉提升

卓越的客户服务有助于建立良好的企业声誉。声誉良好的企业更容易受到客户和投资者的信任，从而在市场中更具竞争力。

（4）成本节约

卓越的客户服务可以减少客户投诉和售后支出，从而降低企业运营成本。此外，忠实的客户通常会减少市场营销成本，因为他们会因为口碑良好而为企业推荐新客户。

3. 建立卓越客户服务的关键因素

要建立卓越的客户服务，企业需要考虑以下关键因素。

（1）培训与发展

培训与发展是关键的一环，确保员工具备能提供高水平客户服务所需的技能和知识。这包括：第一，客户服务标准培训。培训员工了解公司的客户服务标准和期望，以确保一致性的服务。第二，沟通技巧。培训员工具备有效的沟通技巧，包括倾听、表达清晰、解释复杂问题的方法等。第三，问题解决能力。培训员工具备处理各种问题和情况的能力，包括解决客户投诉和提供解决方案。

（2）技术支持

技术支持工具和系统可以提高客户服务的效率和质量。关键方面包括：第一，在线聊天和自助服务。提供在线聊天支持，以及客户可以自己解决问题的自助服务工具，降低客服团队的负担。第二，客户关系管理（CRM）系统。使用CRM系统跟踪客户的历史和需求，以个性化服务和更好地了解客户。

（3）反馈和改进

持续改进客户服务的关键是积极收集客户反馈，然后采取措施改进。这包括：第一，客户反馈渠道。提供多种途径，如在线调查、客户满意度调查、社交媒体反馈等，以便客户能够轻松提供反馈。第二，分析和行动。分析反馈数据，识别潜在问题和改进机会，然后采取行动来解决这些问题和提高服务水平。

（4）文化和价值观

建立以客户为中心的企业文化和价值观是卓越客户服务的基础。这包括：第一，领导示范。高层领导需要展示对客户服务的重视，以树立榜样。第二，员工参与。鼓励员工提出改进建议，并让他们感到他们对客户服务的成功的重要性。第三，客户导向。使每位员工都认识到客户是企业成功的关键,并将客户满意度置于首要位置。

第三节 市场反应与品牌价值

一、消费者反应和品牌忠诚度

(一)消费者反应

消费者反应是指消费者对品牌、产品或服务的感知和回应。消费者反应通常表现在以下几个方面。

1. 购买行为

购买行为是消费者对产品或服务的积极回应之一,它反映了消费者对品牌的信任和满意度。购买行为可以分为以下几个方面:

第一,购买频率。消费者购买某个品牌产品或服务的频率可以反映其对品牌的忠诚度。频繁购买可能表明消费者满意度高,愿意重复购买。

第二,购买体验。购买体验包括购物过程中的各个方面,如购物环境、售后服务、支付便捷性等。积极的购买体验可以促使消费者再次选择该品牌。

第三,交叉销售。消费者是否愿意尝试品牌的其他产品或服务也是购买行为的一部分。如果消费者愿意购买品牌的不同产品,说明他们对品牌整体有信任。

2. 口碑和社交分享

口碑和社交分享对品牌的影响非常大,因为它们可以迅速传播积极或负面的信息,影响更多的潜在消费者。口碑和社交分享包括以下几个方面:

第一,积极评论和评分。消费者在社交媒体、在线评论平台或品牌网站上发布积极的评论和高分评价,有助于提高品牌的知名度和吸引力。

第二,建议和推荐。消费者愿意向朋友、家人和同事推荐该品牌的产品或服务,这可以作为口碑的一种表现。

第三,社交媒体分享。消费者愿意在社交媒体上分享他们的购买体验、产品使用情况和品牌故事,这对品牌的影响力具有重要作用。

3. 忠诚度

忠诚度是消费者对品牌的一种深层次的积极反应。忠诚的消费者通常表现为以下几个方面:

第一,重复购买。忠诚的消费者更有可能重复选择同一品牌的产品或服务,而不是尝试竞争对手的产品。

第二,品牌偏好。忠诚的消费者通常对品牌有明确的偏好,他们相信该品牌可以满足他们的需求。

第三,积极口碑。忠诚的消费者更愿意积极地分享他们的购买体验,并向他人推荐该品牌。

4. 反馈和投诉

消费者的反馈和投诉是对产品或服务的负面反应,但它们也提供了宝贵的信息,有助于品牌改进。反馈和投诉包括以下几个方面:

第一,客户满意度调查。企业可以定期进行客户满意度调查,了解客户对产品或服务的评价,以及他们的建议和意见。

第二,投诉处理。企业需要建立有效的投诉处理机制,及时响应客户的投诉并解决问题,以保持客户满意度。

第三,改进措施。品牌应根据客户的反馈和投诉采取措施改进,不断提高产品或服务的质量和性能。

(二)品牌忠诚度

品牌忠诚度是消费者对品牌的情感连接和长期支持。它包括以下几个方面:

1. 购买行为

购买行为是消费者对产品或服务的积极回应之一,它反映出消费者对品牌的信任和满意度。购买行为可以分为以下几个方面:

第一,购买频率。消费者购买某个品牌产品或服务的频率可以反映其对品牌的忠诚度。频繁购买可能表示消费者满意度高,愿意重复购买。

第二,购买体验。购买体验包括购物过程中的各个方面,如购物环境、售后服务、支付便捷性等。积极地购买体验可以促使消费者再次选择该品牌。

第三,交叉销售。消费者是否愿意尝试品牌的其他产品或服务也是购买行为的一部分。如果消费者愿意购买品牌的不同产品,说明他们对品牌忠诚度较高。

2. 口碑和社交分享

口碑和社交分享对品牌的影响非常大,因为它们可以迅速传播积极或负面的信息,影响更多的潜在消费者。口碑和社交分享包括以下几个方面:

第一,积极评论和评分。消费者在社交媒体、在线评论平台或品牌网站上发布积极的评论和高分评价,有助于提高品牌的知名度和吸引力。

第二,建议和推荐。消费者愿意向朋友、家人和同事推荐该品牌的产品或服务,这可以作为口碑的一种表现。

第三，社交媒体分享。消费者愿意在社交媒体上分享他们的购买体验、产品使用情况和品牌故事，这对品牌的影响力具有重要作用。

3. 忠诚度

忠诚度是消费者对品牌的一种深层次的积极反应。忠诚的消费者通常表现为以下几个方面：

首先，忠诚度的重要性。忠诚度在现代市场竞争中扮演着关键的角色。消费者的忠诚度不仅意味着他们会继续购买某一品牌的产品或服务，还意味着他们愿意与该品牌建立深层次的情感联系。这种联系超越了价格和功能，使得品牌在市场中具有竞争优势。忠诚的消费者通常表现为以下几个方面。

其次，重复购买。忠诚的消费者更倾向于重复选择同一品牌的产品或服务，而不是频繁尝试竞争对手的产品。这种重复购买行为反映出他们对品牌的信任和满意度。他们相信品牌能够提供始终一致的品质和价值，因此愿意保持品牌忠诚度，降低了品牌切换的风险。

再次，品牌偏好。忠诚的消费者通常对某一品牌有明确的偏好，他们更倾向于选择该品牌的产品或服务。这种偏好反映了他们对品牌的认可和信任。他们相信该品牌能够满足他们的需求，因此愿意为了获得这种一致性的品质而坚守品牌。

最后，积极口碑。忠诚的消费者往往成为品牌的忠实支持者，他们愿意积极地分享购买体验，并向他人推荐该品牌。这种积极的口碑可以扩大品牌的影响力，吸引更多的潜在客户。忠诚消费者的口碑通常更具有说服力，因为它来自消费者的真实体验和情感连接。

二、品牌价值的度量和评估

品牌价值是品牌在市场中的价值和影响力的度量。它可以通过不同的方法进行度量和评估。

（一）财务指标

企业可以使用多种财务指标来评估品牌的价值和影响，这有助于量化品牌对企业的贡献以及品牌价值的度量。以下是两项主要的财务指标，用于评估品牌的价值和影响。

1. 品牌价值评估（Brand Valuation）

品牌价值评估是一种财务方法，用于估算品牌的金融价值。这种方法通常基于品牌对企业收入和利润的贡献。品牌价值评估可以采用不同的模型和方法，但其主要目的是量化品牌对企业的财务绩效的影响。以下是一些可能用于品牌价值评估的关键指标和方法：

第一，收入贡献。品牌可能会影响产品或服务的定价、销售量和市场份额，因此，通过比较品牌产品和非品牌产品的销售收入，可以估算品牌对总收入的贡献。

第二，利润贡献。品牌可能会影响产品的毛利率和净利润率。通过比较品牌产品和非品牌产品的利润率，可以估算品牌对总利润的贡献。

第三，未来现金流。通过预测品牌未来的现金流，可以使用贴现现金流量（DCF）方法估算品牌的现值。

第四，市场份额。品牌价值评估也可以考虑品牌在市场中的份额以及市场增长率。

第五，对比法。通过比较与品牌相关的企业与没有品牌影响的企业的财务绩效，可以估算品牌的价值。

2.品牌溢价

品牌溢价是指消费者愿意为购买特定品牌的产品支付的溢价。这可以通过比较品牌产品和非品牌产品的价格来度量。品牌溢价反映了品牌在市场中的知名度、认可度和声誉，以及消费者对品牌的信任程度。品牌溢价通常被视为品牌影响的一种度量，它可以通过以下方式计算：

$$品牌溢价 = 品牌产品价格 - 非品牌产品价格$$

品牌溢价的高低可以用来评估品牌在市场中的吸引力和竞争力。较高的品牌溢价可能表明品牌在消费者心目中的地位较高，有助于提高市场份额和盈利能力。

这些财务指标可以帮助企业更好地理解品牌对企业的贡献和价值，指导品牌管理策略的制定和优化。通过定量化品牌的影响，企业可以更明智地分配资源，并衡量品牌战略的效果。

（二）市场研究

市场研究是一种关键工具，用于评估品牌在市场中的表现和影响。通过市场研究，企业可以更深入地了解消费者对品牌的认知、态度和行为，从而指导品牌管理策略的制定和优化。

1.品牌知名度（Brand Awareness）

品牌知名度是消费者对品牌的知晓程度和识别度的度量。企业可以通过市场调查和问卷调查的方式来衡量品牌知名度。这些调查可以询问消费者是否熟悉特定品牌、是否能够识别该品牌的标识和广告，以及他们是否听说过或看到过该品牌的广告。品牌知名度通常被视为品牌影响力的一个重要指标，因为知名度高的品牌更容易吸引消费者和提高市场份额。

2. 品牌偏好（Brand Preference）

品牌偏好是指消费者是否更愿意选择特定品牌的产品，以及他们对不同品牌的偏好程度。市场研究可以通过调查消费者的购买行为和品牌选择来评估品牌偏好。这可以包括了解消费者的购买决策过程、他们在购买时考虑的因素以及他们选择某个品牌的原因。品牌偏好的研究有助于企业了解其品牌在竞争市场中的地位，以及如何提高品牌吸引力。

3. 品牌联想（Brand Association）

品牌联想研究旨在研究消费者与品牌相关的情感、特征和联想。这包括了解消费者如何感知品牌的质量、创新性、可信度等方面。市场研究可以通过定性和定量方法来探索消费者与品牌相关的情感和认知。这种研究有助于企业了解他们的品牌形象在消费者心目中的状况，以及如何根据消费者的需求来调整品牌定位和传播策略。

（三）社交媒体和在线声誉

社交媒体和在线分析是现代市场研究中不可或缺的一部分，因为它们提供了实时反馈和数据信息，帮助企业更好地了解消费者对其品牌的反应和在线声誉。

1. 社交媒体活动（Social Media Engagement）

社交媒体已成为消费者表达情感、意见和建议的主要平台之一。通过监测社交媒体平台上的品牌活动，企业可以了解消费者在这些平台上对其品牌的反应。这包括评论、分享、点赞、提及和讨论。通过社交媒体分析工具，企业可以跟踪这些活动的数量、频率和趋势，从而评估品牌在社交媒体上的影响力。例如，高度积极的社交媒体活动可能表明消费者对品牌持有正面态度，而消极的活动可能需要警惕并采取行动。

2. 在线声誉（Online Reputation）

在线声誉监测是一种跟踪在线评论、反馈和提及的方法，以评估品牌在数字领域的声誉。这种监测可以包括社交媒体、在线论坛、产品评论网站和新闻文章等。企业可以使用在线声誉管理工具来跟踪这些评论和提及，并分析其情感和趋势。通过在线声誉监测，企业可以了解消费者对品牌的看法，识别潜在问题，并采取措施来改善或弥补负面声誉。积极的在线声誉可以吸引更多的消费者，并增加品牌的信任度。

三、市场反应与公司声誉

市场反应与公司声誉密切相关，因为消费者对品牌的反应和品牌的声誉可以影响公司在市场中的表现。

（一）市场反应对公司声誉的影响

1. 消费者满意度（Consumer Satisfaction）

消费者的积极反应和满意度是直接影响公司声誉的重要因素之一。当消费者对产品或服务的质量、性能、价格和客户服务感到满意时，他们更有可能对品牌持有积极态度。满意的客户通常会成为品牌的忠实支持者，他们可能会积极地推荐品牌，与品牌建立情感连接，并在社交媒体上分享正面的品牌体验。这些积极的行为有助于提升品牌的声誉，吸引更多潜在客户，并增加品牌的市场份额。

2. 口碑和社交媒体（Word of Mouth and Social Media）

消费者在社交媒体上分享的反应和口碑对品牌声誉的塑造和传播至关重要。积极的社交媒体评论、点赞、分享和推荐有助于提高品牌的知名度和正面形象。消费者在社交媒体上的积极互动可以成为强大的口碑传播渠道，因为其他消费者通常更愿意相信用户的真实体验。然而，负面的社交媒体评论、投诉和口碑也可以快速损害品牌的声誉，因此企业需要积极参与社交媒体，并及时处理负面反馈，以保护和维护声誉。

（二）品牌声誉对市场反应的影响

1. 品牌信任（Brand Trust）

品牌声誉对于建立和维护消费者的信任至关重要。拥有良好声誉的品牌通常更容易赢得消费者的信任，因为他们被认为是可靠的、值得依赖的。信任是消费者与品牌之间建立持久关系的基础。当消费者信任一个品牌时，他们更有可能选择购买该品牌的产品或服务，而不会因受到竞争对手的诱惑而改变选择。品牌信任还有助于减少购买决策的不确定性，从而促使消费者更快地做出购买决策。

2. 品牌认同（Brand Identification）

品牌声誉也与品牌认同密切相关。消费者通常更愿意与受尊重和受信任的品牌建立情感连接。品牌认同是指消费者与品牌之间建立的情感联系和共鸣。当消费者认同一个品牌时，他们更有可能成为该品牌的忠实支持者。他们可能会积极地购买该品牌的产品或服务，向朋友和家人推荐该品牌，并在社交媒体上分享与品牌相关的正面体验。品牌认同有助于提高消费者对品牌的忠诚度，使消费者更加倾向于选择该品牌，即使竞争对手提供类似的产品或服务。

（三）公司声誉的管理

维护和管理公司声誉至关重要，这可以通过以下方法实现。

1. 道德经营和社会责任

道德经营和社会责任是企业维护声誉和社会地位的关键因素。在当今竞争激烈且信息传播迅速的商业环境中，企业不仅需要在经济上取得成功，还需要在道德和社会层面表现出积极的影响。以下是关于道德经营和社会责任的深入探讨,以及它们是如何塑造企业声誉的。

首先,道德经营。道德经营涵盖了企业在商业决策和行为中遵守道德原则的能力。这包括遵守法律法规、诚实和公正的商业实践、对待员工的公平、避免不道德的竞争行为等。道德经营的核心是建立企业的道德声誉,使其成为道德和诚信的代表。第一,遵守法律法规。遵守法律是企业道德经营的基础。企业必须遵守当地、国家和国际法律,以确保其经营活动是合法的。不合法的行为将严重损害声誉。第二,公平竞争。道德经营要求企业在竞争中秉持公平原则。不正当竞争、垄断和操纵市场等行为将不利于声誉的建立。第三,员工权益。企业应该公平对待员工,提供公正的薪酬、福利和职业发展机会。不公平的劳工实践会引发员工不满,影响声誉。第四,环境保护。道德经营还包括对环境的尊重和保护。企业应该采取可持续经营实践,减少对环境的不良影响。

其次,社会责任。社会责任是企业对社会和社区作出积极贡献的承诺。这可以通过多种方式实现,包括:第一,慈善捐赠。企业可以捐赠资金、物品或服务来支持慈善机构和社会项目。这有助于解决社会问题,改善社区生活,并提高企业的社会声誉。第二,员工参与。鼓励员工参与志愿活动和社会项目,有助于建立企业的社会责任形象。员工参与还可以提高员工满意度和忠诚度。第三,环保举措。企业可以采取环保措施,减少对环境的负面影响。这包括减少废物、能源效率改进和采用可再生能源等。第四,社区支持。支持当地社区是社会责任的一部分。企业可以通过提供就业机会、支持教育和文化项目,以及提供紧急援助来支持社区工作。

最后,影响声誉。道德经营和社会责任不仅对企业的声誉有积极影响,还对客户和利益相关者的态度产生深远影响。消费者和投资者越来越关注企业的道德和社会责任,他们更愿意与那些积极履行社会责任的企业合作。这不仅能增强企业的品牌声誉,还为其赢得了忠诚的客户和投资者,促进企业长期的可持续发展。因此,道德经营和社会责任不仅是企业的道义责任,还是取得商业成功的战略性决策。

2. 危机管理

首先,制订危机管理计划。危机管理应始于制订详细的危机管理计划。该计划应包括以下关键要素:第一,风险评估。企业应该识别潜在的风险和危机情景。这包括内部和外部风险,如供应链中断、法律诉讼、安全漏洞等。通过风险评估,企业可以提前识别潜在问题,制定应对措施。第二,团队组建。确定危机管理团队,明确各团队成员的职责。团队成员应包括高级管理人员、公关专业人员、法务顾问、危机传播专家等。危机管理团队应接受培训,了解危机管理计划的执行流程。第三,危机管理政策。制定明确的危机管理政策,包括危机沟通原则、信息共享政策、外部合作伙伴的角色等。这些政策应明确规定在危机发生时如何应对、如何向内部和外部方面进行信息传达。

其次，危机应对措施。当危机发生时，企业应迅速采取以下措施：第一，情况评估。危机管理团队应迅速评估情况，了解危机的性质、范围和潜在影响，这有助于确定下一步行动。第二，信息收集。收集关于危机的准确信息。确保信息来源可靠，避免传播虚假信息。第三，内部沟通。与内部员工进行有效沟通，提供有关危机的信息和指导。内部员工通常是企业声誉的第一道防线，他们需要了解如何处理危急情况。第四，外部沟通。向外部利益相关者、客户和媒体提供透明和及时的信息。建立危机传播团队，负责与媒体和社会大众进行有效地沟通。在危机中积极传播信息，可以减轻声誉损害。第五，合作伙伴关系。如果适用，与合作伙伴、供应商和政府机构进行合作，共同解决危机。建立合作伙伴关系可以提供更多资源和支持。

再次，学习和改进。危机管理不仅是应对危机，还包括学习和改进的过程。企业应在危机后进行后评估，分析危机管理计划的有效性，找出并改进。这包括：第一，事后分析。在危机解决后，危机管理团队应进行全面地事后分析。了解危机处理的成功和不足之处，以及如何改进。第二，更新计划。根据事后分析的结果，更新危机管理计划，纳入新的教训和最佳实践。持续改进计划，以提高未来危机管理的效率和效果。

最后，建立信任。危机管理不仅关乎应对危机，还关乎建立信任。通过透明、负责任和及时的危机管理，企业可以增强消费者和利益相关者的信任。建立信任不仅可以减轻声誉损害，还可以帮助企业更好地从危机中恢复。

3. 透明度

企业应该保持透明度，特别是在面临问题或挑战时。及时分享信息，向利益相关者提供真实和准确的情报，建立信任和信心。透明度还包括公开披露财务信息、业务运营和治理实践，以增强透明性和可信度。

首先，面对问题时的透明度。透明度在面对问题、挑战或危机时尤为重要。企业应采取以下措施来保持透明度：第一，快速响应。当问题浮出水面时，企业应迅速响应，并承认问题的存在。延迟或掩盖问题可能会损害声誉。第二，真实情况说明。提供真实、准确和全面的情况说明。消费者和利益相关者希望知道事情的真相，因此不要隐瞒信息或提供虚假信息。第三，解释原因和解决方案。说明问题发生的原因，并提供解决方案的计划。这有助于消费者了解企业的诚意和解决问题的决心。第四，定期更新。在问题解决过程中，定期向利益相关者提供更新信息。这可以包括进展报告、里程碑和计划的调整。

其次，财务透明度。财务透明度是建立信任和信心的关键因素。企业应采取以下措施来提高财务透明度：第一，公开财务报告。定期公开企业的财务报告，包括利润和损失表、资产负债表和现金流量表。这些报告应遵循国际会计准则，确保准确可信的财务信息。第二，披露治理实践。向利益相关者披露公司的治理结构和实践，包括董事会成员、薪酬政策和决策流程。这有助于确保公司的决策是透明和负责任的。第三，审计透明度。使用独立的审计师对公司的财务报告进行审计，并公开审计结果。这提高了财务信息的可信度和可靠性。

再次，业务运营透明度。企业的业务运营透明度对消费者和利益相关者也很重要。以下是提高业务运营透明度的方法：第一，产品信息披露。提供产品和服务的详细信息，包括性能、功能、成分、制造过程等。这有助于消费者作出明智的购买决策。第二，数据隐私。保护消费者的数据隐私，并明确数据收集和使用的相关政策。消费者应知道他们的个人信息如何被使用。第三，供应链透明度。向利益相关者披露供应链信息，包括供应商和生产地点。这有助于确保供应链的合规性和可持续性。

最后，建立信任和信心。透明度是建立信任和信心的基础。通过真实、准确和及时的信息披露，企业可以赢得消费者和利益相关者的信任。信任是品牌声誉的重要组成部分，对于长期成功至关重要。

4. 客户关系管理（CRM）

通过使用CRM系统，企业可以更好地跟踪和管理客户关系。这包括了解客户的需求、提供个性化的服务、及时解决问题和投诉，以提高客户满意度和忠诚度。满意的客户更有可能成为品牌的支持者，并在社交媒体和口碑传播中发挥积极作用。

首先，CRM系统的重要性。客户关系管理（CRM）是一套综合性的策略和工具，旨在帮助企业更好地理解、管理和与客户互动。CRM系统的重要性在于它为企业提供了多种方式来有效地建立、维护和加强客户关系。以下是CRM系统在客户关系管理中的关键作用：第一，客户信息集中管理。CRM系统允许企业将客户信息集中存储在一个数据库中，包括联系信息、购买历史、互动记录等。这有助于员工更轻松地访问客户信息，了解他们的需求和偏好。第二，个性化服务。基于客户数据库中的信息，企业可以提供个性化的服务和产品建议。这增加了客户的满意度，会让他们感到自己受到特别关注。第三，销售机会追踪。CRM系统可以跟踪潜在销售机会的进展，帮助销售团队更好地管理销售流程。这有助于提高销售效率和增加收入。第四，问题解决和投诉处理。CRM系统可以记录客户的问题和投诉，并分配给适当的团队成员进行处理。这确保了问题能得到及时解决，增加了客户的满意度。第五，客户历史分析。通过分析客户的互动历史，企业可以识别趋势、模式和机会。这有助于制定更有针对性地市场营销策略。

其次，CRM 系统的组成和功能。CRM 系统通常由多个部分和功能模块构成，以支持各种客户关系管理活动。以下是常见的 CRM 系统组成和功能：第一，客户数据库。这是 CRM 系统的核心，用于存储客户信息。它包括客户的个人信息、交易记录、互动记录等。第二，销售自动化。这个模块支持销售流程的管理，包括销售机会追踪、销售报价、订单处理等。第三，客户服务和支持。这个模块用于管理客户的问题、投诉和支持请求。它有助于提供及时地客户服务。第四，市场营销自动化。这个模块支持市场营销活动的规划和执行，包括电子邮件营销、社交媒体营销等。第五，分析和报告。CRM 系统通常提供分析和报告工具，帮助企业了解客户行为、销售趋势和市场表现。

再次，CRM 系统的实施和最佳实践。虽然 CRM 系统为企业提供了强大的功能，但其成功实施需要一些关键的最佳实践：第一，明确定义目标。在实施 CRM 系统之前，企业应明确定义其客户关系管理的目标和期望结果。这有助于确保 CRM 系统的配置符合业务需求。第二，培训和教育。员工需要接受培训，以充分了解 CRM 系统的使用。培训有助于最大限度地发挥系统的效益。第三，数据质量管理。维护客户数据库的数据质量至关重要。企业应定期清理和更新数据，以确保信息的准确性。第四，安全性和隐私。CRM 系统包含敏感客户信息，因此安全性和隐私保护是必不可少的。企业需要采取措施确保数据的安全性和合规性。第五，客户沟通。在 CRM 系统的实施过程中，企业应积极与客户沟通。他们应该清楚地了解他们的信息如何被使用，以及他们可以如何管理其个人数据。第六，持续改进。CRM 系统的实施是一个持续改进的过程。企业应该定期评估系统的性能，听取用户反馈，并根据需要进行调整和升级。

最后，CRM 系统的效益。实施 CRM 系统可以为企业带来多方面的效益，包括但不限于以下几点：第一，客户满意度提升。通过提供个性化的服务和更好地解决问题，客户满意度得到提高，他们更有可能忠诚于品牌。第二，销售增长。通过更好地管理销售流程、跟踪销售机会和提供销售团队所需的工具，企业可以实现销售增长。第三，市场营销效率。市场营销团队可以更精确地定位潜在客户，执行更有针对性的营销活动，从而提高市场营销效率。第四，数据驱动决策。CRM 系统提供了丰富的数据，帮助企业做出基于数据的决策，制定更有效的战略。第五，客户保留和忠诚度。通过更好地了解客户需求并提供个性化的体验，企业可以增加客户的忠诚度，降低客户流失率。

第七章 股票投资组合与风险分散

第一节 股票投资组合构建

一、投资目标和策略

投资组合构建的第一步是明确投资的目标和策略。不同的投资目标可能需要不同的投资策略。以下是一些常见的投资目标和相应的策略。

（一）资本增值

如果投资者的主要目标是实现资本增值，即增加初始投资的价值，可以采取以下策略。

1. 成长股投资

成长股通常是指那些具有较高盈利增长潜力的公司股票。这些公司通常在新兴行业或市场中运营，具有创新性和高度竞争力。投资者可以选择投资这些成长股，通常它们的股价在未来会迅速增长。成长股投资通常涉及更高的风险，但也会带来更高的回报。

2. 价值股投资

价值股投资策略旨在寻找被低估的股票。这些股票的市场价格低于其内在价值，可能因市场错误估计或短期不确定性而被低估。价值投资者相信这些低估的股票最终会被市场重新定价，从而实现资本增值。这种策略侧重于分析公司的基本面和估值。

3. 分散投资

分散投资是一种降低风险的策略，通过投资于不同行业、资产类别和地理位置的方式来分散投资组合。这有助于减轻单一投资的风险，因为不同资产之间可能存在负相关性。通过分散投资，投资者可以更好地平衡潜在风险和回报，同时实现资本增值。

（二）生成收入

如果投资者的主要目标是生成收入，例如退休收入或分红收入，可以采取以下策略。

1. 高股息股票投资

首先，高股息股票的定义和特点。高股息股票是指那些公司股票具有相对较高的股息率。股息率是指每股股票的年度股息与股票市价的比率。这些股票通常来自具有稳定盈利历史和健康财务状况的公司。高股息股票的特点包括：第一，稳定分红历史。高股息股票通常来自那些长期以来一直分红的公司。它们有稳定的盈利能力，可以支持股息支付。第二，较低的股价波动性。这些股票通常表现出较低的价格波动，因为它们的股东更关注股息收入而非资本增值。第三，现金流稳定。高股息公司通常有稳定的现金流，这有助于支持持续地股息支付。

其次，高股息股票的投资优势。投资高股息股票可以带来多重优势：第一，稳定的现金流。高股息股票可以为投资者提供稳定的现金流，这对于那些寻求规律性收入的投资者非常有吸引力。第二，资本保值。尽管高股息股票的股价波动性较低，但其仍具备资本保值的优势。这意味着投资者可以同时享受股息收入和潜在的资本增值。第三，抗通货膨胀。高股息股票的股息通常会随着时间的推移而上涨，这有助于投资者抵御通货膨胀对购买力的侵蚀。

2. 债券投资

首先，债券投资的基本概念。债券是一种借款工具，发行者以特定面值的债券出售给投资者，承诺在未来的特定日期支付本金，并在此期间支付固定的利息。债券通常分为政府债券、公司债券和市政债券等不同类型。债券投资者购买债券，实际上是向发行者提供资金，作为回报，他们将获得利息收入和本金返还。

其次，不同类型的债券。第一，政府债券。政府债券由国家政府或地方政府发行。它们通常被认为是最安全的债券，因为政府有稳定的纳税收入，可以用来偿还债务。政府债券通常分为国债、地方政府债和国际债券等。第二，公司债券。公司债券是由私营企业发行的债券。它们的风险因发行公司的信用状况而异，高信用评级的公司债券通常具有较低的风险，但利率可能较低。投资者可以选择根据自己的风险承受能力来投资公司债券。第三，市政债券。市政债券由地方政府或政府机构发行，用于资助公共基础设施项目的建设。它们的风险通常较低，因为它们受到政府背书，并且享有免税利益。

最后，债券投资的优势。第一，稳定的收益。债券投资者可以获得稳定的利息收入，这有助于规划和维持稳定的现金流。第二，本金保值。债券在到期时返还本金，这意味着投资者可以期待本金的保值,尽管股票市场可能波动。第三,多样化投资组合。债券投资可以用来多样化投资组合,降低整体风险,特别是在市场不稳定时。

3. 房地产投资信托（REITs）

首先,房地产投资信托（REITs）的定义和基本概念。房地产投资信托（REITs）是一种特殊类型的投资工具,它允许投资者以间接方式投资于不动产市场,类似于股票投资。REITs 是由专门的公司或信托基金发行和管理的,它们持有、经营和投资各种类型的不动产,包括办公楼、购物中心、住宅物业、酒店、工业仓库等。

其次,REITs 的运作方式。其一,不动产持有和管理。REITs 购买和持有各种不动产,并通过出租或租赁这些不动产来获得租金收入。这些租金收入的一部分通常以现金形式分发给投资者。其二,分红。REITs 必须按照法律规定的要求将至少 90% 的收入分配给股东,通常以形式化的股息。这使得投资者可以获得稳定的现金流。其三,流动性。REITs 的股票可以在股票市场上交易,提供了较高的流动性,相对于直接拥有不动产而言更容易进行买卖。

最后,不同类型的 REITs。其一,办公楼 REITs。这类 REITs 持有和经营办公楼,租赁给企业和租户。他们的收入主要来自办公室租金。其二,购物中心 REITs。这些 REITs 持有和管理购物中心、商业广场和零售物业,收入主要来自商户的租金。其三,住宅 REITs。住宅 REITs 拥有和运营住宅物业,如公寓和多户住宅,其主要收入来源于租金。其四,酒店 REITs。酒店 REITs 持有和运营酒店物业,收入来自酒店客房租金和相关增值服务。

（三）资本保值

如果投资者的主要目标是保值并防止资本损失,可以采取以下策略。

1. 防御性股票投资

首先,防御性股票投资的定义和特点。防御性股票投资是一种策略,投资者通过购买那些相对稳定、不太受经济周期波动影响的公司股票来降低投资风险。这些公司通常属于非周期性行业,提供的产品或服务是基本需求,而非奢侈品。防御性股票投资的特点包括:第一,稳定的收入。防御性公司通常具有稳定的现金流,因为它们的产品或服务是持续需求的。第二,相对低的波动性。这些公司的股票通常表现出相对低的价格波动,因为它们的业绩不容易受到宏观经济波动的影响。第三,较高的股息收入。防御性公司通常有稳定的盈利能力,因此可以支付较高的股息,为投资者提供额外的回报。

其次,防御性股票投资的目标和优势。第一,降低市场风险。防御性股票投资的主要目标是在市场下跌时降低投资组合的风险。这些股票在经济衰退期间通常表现较好，有助于保持投资组合的稳定性。第二，稳定的现金流。防御性股票通常提供稳定的股息收入，这对于那些依赖投资收入的投资者非常有吸引力。第三，资本保值。尽管防御性股票的股价可能不会迅速增长，但它们通常能够保值，并在市场下跌时有相对较好的表现。

2. 债券和现金

增加债券和现金在投资组合中的比重，减少股票的比重。债券通常被视为较为稳定的投资，因为它们能承诺在特定时间支付本金和利息。债券的价格通常不像股票那样波动剧烈，因此可以用来减轻投资组合的波动性。同时，保持一定比例的现金在投资组合中，可以提供流动性和应对突发情况的能力。

3. 金融衍生品

使用金融衍生品进行对冲操作，以减少潜在的资本损失。例如，期权和期货合约可以用于对冲投资组合中的股票或其他资产。这些工具允许投资者在市场下跌时获得一定的保护，但仍然参与市场上涨时的回报。然而，使用金融衍生品需要谨慎，因为它们本身也具有风险，需要了解其工作原理和风险特征。

二、资产分配和组合多样性

（一）资产分配

资产分配是指将投资组合分配给不同类型的资产，如股票、债券、现金等。资产分配的关键是平衡风险和回报。不同类型的资产具有不同的风险和回报特性，因此将投资分散到多个资产类别可以降低投资组合的整体风险。

资产分配是投资组合管理的基本原则之一，它涉及将可投资的资金分配到不同类型的资产或资产类别中，以实现投资目标和风险管理的策略。这些不同类型的资产包括股票、债券、现金、房地产等。资产分配的目标是平衡投资组合的风险和回报，以满足投资者的需求和风险偏好。

1. 资产类别的选择

资产分配的第一步是选择适当的资产类别。这通常取决于投资者的投资目标、风险承受能力和投资时间表。常见的资产类别包括：

第一，股票。股票通常具有高回报潜力，但也伴随着较高的风险。它们可以分为不同的子类别，如成长股、价值股、分红股等。

第二，债务。债券通常被视为相对较低风险的资产类别，因为它们代表了债务承诺。通常回报较低，尤其是在低利率的环境下。

第三，现金。现金等价物通常被视为最低风险的资产，但其回报通常较低。现金可用于投资组合的流动性管理。

第四，另类投资。另类投资包括房地产、大宗商品、私募股权和对冲基金等。这些资产类别通常与传统的股票和债券相关性较低，可以实现多样化。

2. 资产分配的权重分配

一旦确定了资产类别，下一步是确定每个资产类别的权重分配。这涉及决定在投资组合中分配给每个资产类别的资金比例。权重分配应该基于投资者的风险承受能力和长期投资目标。

3. 分散投资

分散投资是资产分配的重要原则之一。它涉及将资金分散到每个资产类别中的多个投资，以降低特定风险。例如，在股票资产类别中，投资者可以选择投资不同行业、不同地理区域和不同市值范围的股票，以实现投资分散化。

（二）组合多样性

组合多样性是降低风险的关键。它通过投资不同类型的资产、行业、地理区域和公司来分散投资组合。以下是一些常见的多样性策略。

1. 行业多样性

行业多样性是指将投资分散到不同行业的股票，以降低与特定行业相关的风险。这是构建多元化投资组合的关键要素之一。以下是行业多样性的重要考虑因素：

第一，风险分散。不同行业的股票通常受到不同的市场因素和经济周期的影响。通过在多个行业中分散投资，投资者可以降低由于单一行业的不利情况而导致的投资损失。

第二，增加机会。不同行业中可能存在不同的增长机会和投资前景。通过投资多个行业，投资者可以捕捉到多个潜在的高回报机会。

第三，投资风格。不同行业可能对不同的投资风格更具吸引力。例如，一些行业可能更适合价值投资策略，而其他行业可能更适合成长投资策略。

2. 地理多样性

地理多样性是指将投资分散到不同地理区域或国家。这有助于降低与特定地区性风险和地缘政治风险相关的投资风险。以下是地理多样性的重要考虑因素：

第一，外汇风险。投资不同地区的股票可能涉及不同的货币风险。不同国家的货币汇率波动可能对投资回报产生不同影响。

第二，地区经济周期。不同地区的经济可能处于不同的周期。通过在多个地区分散投资，投资者可以平衡不同地区的经济波动对投资组合的影响。

第三,政治和法律风险。不同国家和地区的政治和法律环境各不相同。分散投资可以降低与特定地区的政治和法律风险相关的损失。

3.公司多样性

公司多样性是指投资不同公司的股票,以降低与特定公司相关的风险。以下是公司多样性的重要考虑因素:

第一,单一公司风险。依赖于单一公司的股票可能面临公司特定的风险,如管理问题、竞争压力或行业波动性。

第二,行业内多样性。即使在同一行业中,不同公司的表现也可能存在差异。通过投资多家公司,可以平衡行业内的风险。

第三,投资者信心。拥有多个不同公司的股票可以提高投资者的信心,因为不用过于担心单一公司的表现。

通过考虑行业多样性、地理多样性和公司多样性,投资者可以构建一个更为均衡和多元化的投资组合,降低整体风险,并增加长期投资的机会。

三、长期绩效

股票投资组合的长期绩效是评估投资组合表现的重要指标。长期绩效考察投资组合在较长时间内的表现,通常以多年为单位。

(一)什么是长期绩效

股票投资组合的长期绩效是评估投资组合在相对较长时间内的表现的关键指标。它关注投资者在较长投资期间内所获得的回报和绩效,通常以多年为单位来衡量。与短期绩效不同,长期绩效更注重投资组合的持久性和稳定性。以下是长期绩效的关键特点。

1.时间跨度

长期绩效通常以多年甚至几十年的时间跨度来衡量,而不是短期内的涨跌。这意味着投资者会关注投资组合在相对较长时间内的表现,以较长的投资周期来评估绩效。

2.稳定性

长期绩效更关注投资组合的稳定性,而非短期波动。这意味着投资者会更加关注投资组合的持久性和可靠性。长期绩效考虑投资者在较长时间内的投资决策和持仓策略,而不仅是短期内的市场波动。

3.相对比较

长期绩效通常与某种基准或参考指数相对比较,以确定投资组合的超额回报。这意味着长期绩效的评估会考虑市场整体表现，而不仅是投资组合的绝对表现。通过与基准的比较，投资者可以更好地了解他们的投资组合是否表现出色。

（二）为什么重视长期绩效

长期绩效的重要性在于它提供了更全面的投资评估。以下是为什么要重视长期绩效。

1. 考虑市场周期

长期绩效可以更好地反映市场的整体周期，避免受短期市场波动的干扰。投资者可以更好地了解他们的投资在不同市场条件下的表现。

2. 降低噪声

短期内的市场波动通常伴随着噪声和随机性。长期绩效有助于减少这些噪声的影响，更准确地衡量投资决策的影响。

3. 长期目标

许多投资者具有长期财务目标，如退休储蓄或教育基金。长期绩效可以帮助他们评估是否朝着实现这些目标迈出了稳健的一步。

（三）如何改善长期绩效

为了改善股票投资组合的长期绩效，投资者可以采取以下措施。

1. 制定明确的长期目标

投资者应明确其长期财务目标，以制订适合其目标的投资策略。

2. 持续地投资

长期绩效通常依赖于持续的定期投资。定期定额投资是一种常见的策略，有助于分散市场波动。

3. 考虑再平衡

随着市场波动，投资组合的资产分配可能会发生变化。定期重新平衡投资组合，将资产分配恢复到目标比例，有助于维持长期策略的一致性。

4. 长期视野

投资者应保持长期视野，注重基本面和长期趋势，而不是短期市场波动。他们需要相信长期价值并作出相应的投资决策。

在投资组合的长期绩效方面，耐心、纪律和长期规划是取得成功的关键。投资者应根据其个人财务目标和风险承受能力来制订适合自己的长期投资策略。

第二节 风险分散策略

一、不同行业和部门的分散

资产分散不仅包括不同的资产类别,还包括将资金分配到不同的行业和市场部门中。不同行业和部门的股票可能在不同的经济环境下表现出差异。例如,在经济增长时,科技行业可能表现良好,而在经济下滑时,公用事业行业可能更稳定。通过在不同行业和部门中分散投资,投资者可以减少与特定行业或部门相关的风险。

(一)行业分散

资产分散的一部分涉及将投资分配到不同行业中。不同行业受到不同的市场和宏观经济因素的影响,因此它们的股票可能在不同的市场条件下表现出不同的特性。以下是一些常见的行业类别。

1. 科技行业

科技行业通常在经济增长时表现良好,因为新技术的需求增加。投资者可以选择投资硬件、软件、云计算等类型的科技公司,以实现多样性。

2. 金融行业

金融行业的表现通常与利率和经济状况密切相关。在经济状况良好时,投资者可以选择投资银行、保险、房地产投资信托(REITs)等金融部门的股票,以分散金融风险。

3. 医疗保健行业

医疗保健行业通常对人口老龄化不敏感,因此在长期投资中可能表现出稳定性。投资者可以选择投资制药、生物技术、医疗设备制造等医疗保健领域的股票。

4. 能源行业

能源行业的表现通常受到能源价格和供应的影响。投资者可以选择投资石油和天然气、可再生能源等类型的能源公司。

5. 消费品行业

消费品行业的表现与消费者支出密切相关。投资者可以选择投资食品和饮料、零售、家庭用品等类型的消费品公司。

6. 公用事业行业

公用事业行业通常具有较高的稳定性,因为人们在各种经济环境下都需要基本服务。投资者可以选择投资电力、自来水、天然气等公用事业公司。

（二）市场部门分散

除了行业分散，投资者还可以考虑将资金分配到不同的市场部门中。市场部门通常是按市值、风格或地理位置来定义的。以下是一些市场部门的例子。

1. 大盘股

大盘股是指市值较大的公司股票，通常在主要股票指数中占有较高的权重。它们通常比小盘股更稳定。

2. 中盘股

中盘股通常是市值介于大盘股和小盘股之间的公司。它们可能具有一定的增长潜力，同时相对较稳定。

3. 小盘股

小盘股是市值相对较小的公司股票。它们可能在市场上更具成长性，但也伴随着较高的风险。

4. 价值股

价值股是那些被认为低估的公司股票。它们通常以低市盈率和高股息率为特征。

5. 成长股

成长股是那些被认为具有较高增长潜力的公司股票。它们通常以高市盈率和低股息率为特征。

6. 国内股票

国内股票是指在本国市场上交易的股票。投资者可以通过投资国内市场部门来降低国际风险。

7. 国际股票

国际股票是指在国际市场上交易的股票。投资者可以通过投资国际市场部门来实现国际多样性，减轻单一国家或地区的风险。

二、地理分散

地理分散是指将投资分散到不同地区和国家的市场中。不同地区的市场可能受到地区性的经济和政治因素的影响，因此在地理上分散投资可以降低地区性风险。国际投资和跨境投资基金（ETF）是实现地理分散的一种方式，可以使投资者参与全球市场。

（一）地理分散的重要性

1. 降低地区性风险

不同国家和地区的市场可能会受到地区性经济、政治和自然因素的影响。例如，某个国家的经济问题可能会导致该国股市下跌，但其他国家的股市可能不受影响。通过在不同国家和地区分散投资，投资者可以降低地区性风险。

2. 提供增长机会

不同国家和地区的经济增长速度可能不同。一些市场可能正在经历快速增长，而另一些市场可能增长较慢。地理分散可以使投资者参与各种经济增长机会，从而获得更好的投资回报。

3. 改善投资组合的稳健性

地理分散有助于改善投资组合的稳健性和提高抗风险能力。当一个地区或国家的市场受到不利影响时，其他地区或国家的表现可能较好，从而平衡整体投资组合的表现。

（二）实现地理分散的方式

1. 国际投资

首先，国际投资是指投资者通过购买外国资产，以在不同国家的市场中分散投资风险。这种策略通常旨在实现投资多样化，以减少与特定国家或地区相关的风险。国际投资包括购买外国股票、债券、房地产、外汇和其他资产，以扩大投资组合的范围。

其次，国际投资为投资者提供了在全球范围内寻找更广泛投资的机会。不同国家和地区的市场通常在不同时间经历不同的经济周期和市场波动。因此，投资者可以通过在多个国家投资，利用不同市场之间的不相关性来分散风险。例如，如果一个国家的市场正在增长，而另一个国家的市场正在下降，投资者可以平衡他们的投资组合以实现更稳定的回报。

再次，国际投资可以帮助投资者在全球范围内寻找更高的回报。一些国家和地区可能拥有更具吸引力的投资机会，高盈利潜力的公司，或者更高的利率。通过在这些市场中投资，投资者可以获得更高的回报，从而增加其投资组合的绩效。

最后，国际投资需要投资者了解不同国家市场的法规和税收政策。不同国家有不同的法律和规定，可能会对外国投资者的权益产生影响。此外，不同国家的税收政策可能会影响投资的收益和风险。因此，投资者需要进行充分的调查，以确保他们的国际投资策略是合法的、适当的，才能实现他们的投资目标。

2. 跨境投资基金（ETFs）

首先，跨境投资基金（ETFs）是一种金融工具，为投资者提供了一种便捷的方式来分散投资到不同国家和地区的市场中。这些基金以类似股票的形式交易，但它们的投资组合通常是多样化的，跟踪不同国家或地区的市场指数。跨境ETFs的出现使全球投资变得更加容易，为投资者提供了在国际市场中获取多样化投资机会的途径。

其次，跨境ETFs的运作方式相对简单。投资者可以通过证券交易所购买跨境ETFs，就像购买普通股票一样。这些ETFs的目标是跟踪特定国家或地区市场指数的表现。例如，投资者可以购买跨境ETFs，该ETF的投资组合跟踪了美国标普500指数，从而使投资者能够在美国股市中获得多样化的投资。

再次，跨境ETFs有许多优点。首先，它们为投资者提供了在国际市场中进行多样化投资的便捷方式，无须购买和管理多个国家或地区的股票。其次，跨境ETFs通常具有较低的管理费用，相对于主动管理的国际投资基金来说更经济实惠。此外，它们提供了流动性，投资者可以在市场开放时进行买卖，从而具有较高的灵活性。

最后，跨境ETFs也存在一些考虑因素。首先，虽然它们提供了多样化的投资机会，但它们也受到特定国家或地区市场的波动和风险的影响。其次，投资者需要了解不同跨境ETFs的投资策略和目标，以确保它们符合其投资目标和风险承受能力。此外，汇率风险也是一个需要考虑的因素，因为投资者将投资转换成其他货币可能会受到汇率波动的影响。

3. 全球投资基金

首先，全球投资基金（Global Investment Funds）代表了一种投资工具，它旨在实现更广泛的地理分散。这些基金的投资组合包括来自不同国家和地区的股票、债券、现金等。全球投资基金的目标是通过投资于国际市场来为投资者提供更多样化的投资机会，从而降低与特定国家或地区市场相关的风险。

其次，全球投资基金通常由专业基金经理或投资团队管理，他们具有深厚的市场知识和研究资源，以帮助选择最佳的投资机会。这些基金经理会利用他们的专业知识来构建和管理多样化的投资组合，以实现投资目标。

再次，全球投资基金的投资策略可以根据基金的具体目标和风险承受能力而有所不同。一些全球投资基金可能专注于股票投资，以追求资本增值，而一些基金可能更加注重债券投资，以追求稳定的收入。此外，还有一些多资产全球投资基金，它们投资于不同类型的资产，以实现风险分散和长期绩效。

最后，全球投资基金的优点包括提供更广泛的地理分散、专业的基金管理和流动性。投资者可以通过购买全球投资基金来获得全球市场的多样化投资机会，无需自己购买和管理跨国股票和债券。此外，这些基金通常可以在市场开放时进行买卖，具有较高的流动性，使投资者能够根据市场情况进行调整。

4. 多国家投资计划

首先，多国家投资计划代表了一种便捷的方式，使投资者能够在多个国家的市场中分散投资，而无须自行购买和管理跨国资产。这些计划通常由专业的投资公司或基金管理人提供，旨在为投资者提供更广泛的国际投资机会。投资者可以通过购买多国家投资计划来获得对全球市场的多样化披露，从而降低与特定国家或地区市场相关的风险。

其次，多国家投资计划通常包括多种资产类别，如股票、债券、现金等。这些计划的投资组合经过精心构建，以实现特定的投资目标，例如资本增值、收入生成或资本保值。投资者可以根据其自身的投资目标和风险承受能力选择适合的多国家投资计划。

再次，多国家投资计划由专业的基金经理或投资团队管理，他们具有深厚的市场知识和经验，可以根据市场条件和投资目标进行投资决策。这些基金经理会利用其专业知识来选择和管理各种国际资产，以实现投资者的长期目标。

最后，多国家投资计划的优势包括提供更广泛的国际投资披露、专业的基金管理和流动性。投资者无需研究和选择各种外国资产，而是通过购买多国家投资计划来获得对国际市场的投资暴露。

三、不同资产的相关性

在进行风险分散时，投资者还应考虑不同资产之间的相关性。相关性指的是不同资产在市场中是否以相似的方式波动。负相关的资产在市场下跌时可能表现出相反的动态，有助于降低投资组合的整体波动性。因此，了解不同资产之间的相关性可以帮助投资者更有效地分散风险。

（一）相关性的重要性

1. 风险降低

首先，相关性在分散投资风险中起关键的作用。相关性是指不同资产之间在市场中的表现是否存在一定的关联。相关性可以分为正相关、负相关和无相关三种情况。

正相关指不同资产之间的价格在市场中同向波动。这意味着当一个资产的价格上涨时，另一个资产的价格也上涨，反之亦然。正相关性可能会增加投资组合的整体风险，因为当一个资产下跌时，其他相关资产也可能下跌，导致投资组合价值下降。

负相关性则是指不同资产之间的价格在市场中呈相反的波动趋势。当一个资产的价格上涨时，另一个资产的价格下跌，反之亦然。负相关性对于降低投资组合的整体风险非常有利，因为当一个资产的价格下跌时，其他相关资产的上涨可能抵消损失，从而减轻投资组合价值的波动。

其次，了解资产之间的相关性对于投资组合的风险管理至关重要。投资者通常希望在投资组合中包括不同资产类别,以实现相关性的多样化。例如,股票和债券通常具有负相关性,因为它们在市场条件下表现出不同的动态。当股市下跌时,债券市场通常表现较好,这有助于抵消股票投资的风险。

再次,相关性的变化是动态的,会受到市场条件、经济因素和政治事件的影响。因此,投资者需要定期监测投资组合中不同资产之间的相关性,并在需要时进行调整。这可以通过定期审查投资组合的表现和市场趋势来实现。

最后,一些专业投资者使用数学模型和统计分析来衡量资产之间的相关性。这些模型可以帮助投资者更准确地了解不同资产之间的关联程度,从而指导投资组合的构建和管理。然而,即使使用了这些模型,定期监测和调整仍然是有效的风险管理策略的关键部分。

2. 回报优化

首先,回报优化是投资组合管理的核心目标之一。投资者追求的不仅是最大化投资组合的回报,还要考虑与之相关的风险。通过将不同相关性的资产组合在一起,投资者可以更好地实现风险与回报平衡。这是因为相关性较低的资产在市场中的表现通常不会同时波动,从而提供了额外的多样性,有助于降低整体风险。

其次,相关性的降低意味着资产之间的价格波动不会同时发生,这为投资组合提供了一种自然的对冲机制。当一个资产的价格下跌时,另一个相关性较低的资产的价格可能上涨,从而抵消了损失。这种对冲效应有助于减轻投资组合的整体波动性,使投资者更容易承受市场的不确定性。

再次,回报优化还包括权衡不同资产类别和子类别之间的潜在回报和风险。投资者通常希望在投资组合中包括多种资产,以实现更好的回报。然而,不同资产之间存在不同的风险水平,因此需要权衡潜在回报与风险之间的关系。一些高风险高回报的资产可能与一些低风险低回报的资产相结合,以实现更好的风险与回报平衡。

最后,投资者通常需要根据其投资目标和风险偏好来确定回报优化的策略。不同的投资者可能有不同的目标,一些可能更注重稳健的回报,而另一些可能愿意承担更高的风险以追求更高的回报。因此,回报优化的具体策略应该根据个体投资者的需求来制订。

3. 市场条件下的表现

首先,市场条件对相关性的影响是投资组合管理中至关重要的考虑因素之一。相关性是不断变化的,它受到市场条件、经济因素和政治事件等多种因素的影响。因此,在不同市场情况下,投资者需要审时度势,根据市场条件调整其资产配置以维护投资组合的风险与回报平衡。

其次,市场的不稳定性或下跌通常导致相关性的变化。在这种情况下,负相关的资产可能表现出色,有助于保护投资组合免受市场的严重损失。例如,在金融危机期间,股票市场下跌,但债券市场通常表现出色,因为投资者倾向于寻求避险。这种时候,具有负相关性的资产可以提供一种天然的对冲,减轻整体投资组合的波动性。

再次,投资者需要密切关注市场条件的变化,以及不同资产之间的相关性如何随之变化。这需要及时的市场分析和数据监控。一些投资者依赖于量化模型来跟踪相关性的变化,以便及时调整其投资组合。这种方法可以帮助投资者在不同市场环境下作出更明智的投资决策。

最后,市场条件下的表现也受到宏观经济因素和政策变化的影响。例如,货币政策的变化、全球经济增长率的波动以及地缘政治事件都可能对市场造成重大影响。因此,投资者需要保持对这些因素的敏感性,以更好地理解市场条件的变化,并作出相应的投资调整。

(二)考虑和管理相关性的策略

1. 资产选择

首先,投资者在构建投资组合时应考虑不同类型的资产,以实现相关性的多样性。相关性指不同资产之间价格或收益变动的关联程度,它可以影响投资组合的整体风险和回报表现。

其次,投资者需要根据其投资目标和风险承受能力来选择不同类型的资产。例如,如果投资者寻求较高的回报并可以承受更高的风险,他们可以增加股票在投资组合中的比重。然而,如果投资者更关注资本保值和风险控制,他们可能会增加债券和现金在投资组合中的比重。

再次,选择资产类别时,投资者还应考虑市场条件和经济因素。不同资产类别在不同市场环境下的表现可能会有所不同。例如,在经济增长时,股票通常表现良好,而在经济衰退或不稳定时,债券和现金可能更受青睐。

最后,定期监测投资组合中不同资产之间的相关性是至关重要的。相关性是动态变化的,受到市场条件和事件的影响。投资者应定期评估投资组合的相关性,并在需要时进行调整,以确保投资组合与其投资目标保持一致。

2. 定期监测

首先,定期监测投资组合中不同资产之间的相关性对于投资者来说至关重要。相关性是指不同资产之间价格或回报变动的关联程度,它对投资组合的风险和回报表现影响较大。

其次,定期监测相关性可以帮助投资者更好地管理投资组合的风险。相关性测量提供了有关投资组合内各个资产之间如何相互影响的信息。当相关性较高时，不同资产可能会在同一方向上波动，增加整体风险。相反，当相关性较低或负相关时，一个资产的上涨可能会抵消另一个资产的下跌，有助于降低整体波动性。

再次，定期监测相关性可以指导投资者采取适当的风险管理措施。如果投资者发现投资组合中的相关性较高，他们可以考虑增加分散度，将资金分配到具有低相关性的资产类别或市场部门中。这有助于降低整体风险，提高投资组合的稳定性。

最后，定期监测相关性也有助于投资者根据市场变化及时做出投资决策。如果相关性发生显著变化，投资者可以重新评估其投资组合，调整仓位或重新平衡以适应新的市场条件。

3. 专业建模

首先，专业投资者广泛使用数学模型和统计分析来衡量资产之间的相关性。这些模型和分析工具提供了科学的方法，能够更准确地量化不同资产之间的关联程度，从而有助于投资决策的制定和优化。

一种常用的模型是协方差矩阵模型，它用于计算不同资产之间的协方差和相关系数。协方差测量了两项资产的价格变动如何一起变化，而相关系数衡量了两个资产之间的线性相关程度。通过分析协方差矩阵，投资者可以了解不同资产之间的相关性结构，即哪些资产倾向于一起上涨或下跌，哪些资产之间的关系较为独立。

其次，专业投资者还使用因子模型来解释资产之间的相关性。因子模型将资产的回报分解为几个因子的组合，例如市场因子、风险因子和行业因子。通过这种方式，投资者可以确定哪些因子对不同资产的回报具有显著影响，从而更好地理解资产之间的相关性。例如，如果一组股票的回报与市场因子高度正相关，那么它们在市场波动时可能表现出较高的相关性。

再次，专业投资者可以使用时间序列分析来研究资产之间的相关性随时间的演变。他们可以观察不同资产的历史价格和回报数据，并运用统计技术来识别潜在的趋势和模式。这有助于投资者更好地理解资产之间的相关性是否在不同市场条件下发生变化。

最后，专业投资者通常依赖计量经济学中的方法来估计资产之间的相关性。他们可以使用时间序列回归分析、协整合分析和脉冲响应函数等技术来量化资产之间的关系。这些方法可以帮助他们建立更复杂的模型，以预测不同市场因素对资产价格的影响，从而制定更精确的投资策略。

第三节 投资组合表现与产品市场竞争的关联

一、组合收益和风险

投资组合的表现与产品市场竞争之间存在紧密的关联。组合的收益和风险水平直接受到所包含资产的表现和市场竞争的影响。以下是一些关键因素。

（一）资产配置

投资组合的资产配置决策将直接影响其表现。如果投资者选择在竞争激烈的市场中分配更多资金，可能会面临更高的风险。然而，如果他们能够识别出具有潜力的市场机会，也可能获得更高的回报。

1. 资产配置的重要性

资产配置是投资组合管理中的核心决策之一，对投资组合的表现产生重大影响。以下是资产配置的重要性和影响因素：

第一，风险和回报平衡。资产配置帮助投资者在风险和回报之间取得平衡。不同类型的资产具有不同的风险和回报特征，通过合理配置资产，投资者可以根据自己的风险承受能力和投资目标来实现风险和回报的平衡。

第二，多样性和分散化。资产配置允许投资者将投资分散到不同的资产类别中，降低了特定资产或行业的风险。这有助于保护投资组合免受市场波动的严重影响。

第三，市场预期和周期。资产配置应考虑市场的当前状态和未来预期。例如，在经济增长期间，投资者可能倾向于增加股票配置，而在经济衰退期间，他们可能更倾向于债券或其他相对稳定的资产。

第四，长期目标。资产配置应与投资者的长期目标相一致。不同的目标可能需要不同的资产配置策略，例如退休储蓄和子女教育基金可能需要不同的风险配置。

2. 资产配置的因素

资产配置的决策受到多种因素的影响，以下是一些关键因素：

第一，风险承受能力。投资者的风险承受能力是资产配置决策的基础。风险承受能力较高的投资者可能更愿意持有股票等高风险资产，而风险承受能力较低的投资者可能更倾向于持有稳健的债券。

第二，市场前景。投资者对不同资产类别的市场前景和预期将影响其资产配置决策。例如，如果投资者看好股票市场前景，他们可能会增加股票配置。

第三，投资期限。投资者的投资期限也是一个关键因素。长期投资者可能更容易接受股票等风险较高的资产，因为他们有更多时间来应对市场波动。

第四，税务考虑。税务政策和税收后果也会影响资产配置决策。某些资产可能会带来更高的税收负担，投资者需要综合考虑税务因素。

（二）行业选择

不同行业的竞争水平各不相同。某些行业可能存在激烈的价格竞争，导致较低的利润率，而某些行业可能拥有较高的垄断性地位，能够实现更高的利润。投资者的行业选择将影响其组合的整体收益。

1. 选择的重要性

行业选择是投资组合管理中的重要环节，对投资组合的整体表现具有重大影响。以下是行业选择的重要性和影响因素：

第一，利润潜力。不同行业的利润潜力各不相同。一些行业可能拥有较高的利润率和增长潜力，而一些行业可能受到价格竞争和低利润率的制约。正确选择具有较高利润潜力的行业有助于实现更高的投资回报。

第二，风险水平。行业的风险水平也有差异。某些行业可能更受经济周期的影响，而一些行业可能具有更强的稳定性。投资者需要考虑行业的风险因素，并根据自己的风险承受能力进行选择。

第三，长期趋势。行业选择还应考虑长期趋势。一些行业可能处于增长阶段，而一些行业可能面临结构性挑战。投资者需要了解行业的长期趋势，以确定是否符合其长期投资目标。

第四，市场流动性。行业的市场流动性也是一个重要因素。某些行业可能更容易买卖，而一些行业可能较为不稳定。投资者需要考虑市场流动性，以便在需要时能够调整投资组合。

第五，估值水平。行业的估值水平对投资决策至关重要。一些行业可能被高估，而一些行业可能被低估。投资者需要分析行业的估值情况，以确定投资机会。

2. 影响行业选择的因素

行业选择的决策受到多种因素的影响，以下是一些关键因素：

第一，宏观经济环境。宏观经济环境对不同行业的表现产生重大影响。经济增长、通货膨胀率、利率水平等因素都会影响不同行业的业绩。

第二，行业分析。投资者需要对各个行业进行深入地分析，了解其内部结构、竞争格局和增长前景。这包括研究行业的供需动态、市场份额和市场趋势。

第三，公司基本面。具体公司的基本面也会影响行业选择。投资者需要评估公司的财务状况、管理团队、市场地位和竞争优势。

第四，风险承受能力。投资者的风险承受能力将影响其对不同行业的选择。风险承受能力较高的投资者可能更愿意投资高风险高回报的行业，反之亦然。

（三）市场地位

首先，持有市场领先者的股票通常被视为较低风险的投资选择。这是因为市场领先者通常在其行业或市场领域占据主导地位，拥有更大的市场份额和资源。由于其市场份额较大，这些公司通常更具竞争优势，能够在市场中维持相对稳定的盈利能力。投资者持有这些公司的股票可能更容易获得稳定的回报，因为市场领先者通常更能够应对市场波动和竞争压力。

其次，市场领先者通常在研发、创新和市场推广方面拥有更多资源。这使得他们能够不断推出新产品或服务，以满足市场需求，并保持竞争优势。这种创新能力可以帮助这些公司在市场中保持领先地位，吸引更多的客户和投资者。因此，持有市场领先者的股票可能受益于这种创新能力，获得较高的长期回报。

最后，尽管市场领先者通常具有较低的风险，但在激烈的市场竞争中，它们仍然可能面临来自竞争对手的挑战。竞争对手可能采取各种策略，包括价格竞争、产品差异化和市场份额争夺，以蚕食市场领先者的份额。这可能导致市场领先者的盈利能力下降，从而影响投资组合中持有其股票的回报。

（四）市场周期

首先，市场竞争通常在经济增长期间加剧。在这个时期，消费者信心较高，需求增加，企业也更愿意投资扩大生产和市场份额。这导致市场上更多的公司竞争，争夺消费者和市场份额。因此，市场领先者在经济增长期间可能会面临更激烈的市场竞争，这可能影响市场领先者的地位。市场领先者需要不断创新和提高效率，以保持其竞争优势。

其次，在经济衰退期间，市场竞争可能减弱。由于需求下降，一些公司可能会退出市场或减少生产规模，从而降低竞争程度。在这种情况下，市场领先者可能会更容易维持其地位，因为较小的竞争压力可能使他们更容易应对市场动荡。然而，衰退期也可能导致市场领先者面临销售下滑和盈利下降的压力，因此他们仍然需要谨慎管理业务。

最后，市场竞争还受到宏观经济因素的影响。通货膨胀率、利率和政府政策等因素都可以影响市场竞争的状况。高通货膨胀和高利率环境可能会增加企业的成本压力，导致市场竞争减弱。政府政策也可能对市场竞争产生影响，例如通过监管措施或反垄断法规来影响市场结构。因此，投资者需要考虑宏观经济因素对市场竞争的潜在影响，以更好地理解市场环境。

二、产品市场竞争对投资组合的影响

产品市场竞争对投资组合的表现具有直接和间接的影响：

（一）直接影响

1. 盈利能力下降

首先，价格战和毛利率下降。当市场竞争激烈时，许多公司可能会采取价格战策略，以吸引客户。这可能导致产品或服务的价格下降，从而减少公司的毛利率。毛利率是衡量公司每销售一个产品或提供一个服务所获得的利润的指标。因此，当毛利率下降时，公司的盈利能力也会下降，因为它们在每个销售交易中获得的利润减少了。

其次，营销和研发支出上升。为了在市场上保持竞争力，公司可能会增加营销和研发支出，以改进产品或服务，并吸引更多客户。这些额外支出可能会增加公司的经营成本，从而降低了净利润。虽然这些投资可能对公司的长期竞争力有益，但它们在短期内可能会导致盈利下滑。

最后，减少市场份额。在激烈的市场竞争中，一些公司可能会失去市场份额，因为客户有更多选择。失去市场份额可能导致销售额下降，从而降低公司的盈利能力。此外，失去市场份额可能会影响投资者对公司的信心，导致股票价格下跌。

2. 市值和股票价格下降

（1）市值下降

首先，当投资者对市场竞争激烈的公司失去信心时，他们可能会减少对该公司的投资。这会导致公司的股价下跌，从而影响其市值。市值的下降可能会影响公司的融资能力和股票的流动性。

其次，激烈的市场竞争通常会增加公司面临的各种风险，包括市场份额的丧失、价格战的爆发以及营销和研发成本的上升。这些风险可能会导致市值的下降，因为投资者对公司的未来前景感到担忧。

最后，市值下降可能不仅是短期的现象，而可能会对公司产生长期的影响。市值的下降可能会影响公司的融资成本，使其更难以筹集资金进行扩张或研发。这可能会限制公司未来的增长潜力。

（2）股票价格下降

首先，激烈的市场竞争可能会引发市场情绪的波动。当投资者担心公司盈利能力会下降时，他们可能会抛售公司的股票，导致股票价格下跌。

其次，股票价格下跌通常会伴随着市场的短期波动，这可能会对投资者的资产产生不利影响。投资者可能会因股票价格下跌而感到焦虑，采取仓促的决策。

最后，股票价格的下降可能会损害投资者对公司的信心，使其更加谨慎。这可能会导致更多投资者撤离股票市场，进一步加剧股价下跌。

（二）间接影响

1. 行业整体表现下跌

首先，市场竞争激烈可能导致整个行业的股票价格下跌。这种情况通常出现在一个行业内存在多家公司竞争激烈，争夺市场份额和客户的情况下。在这种竞争中，企业可能采取价格战等手段来吸引客户，从而导致产品价格下降，利润率收缩。投资者可能会对这一情况感到担忧，因为公司的盈利能力受到挑战，这可能会导致股票价格下跌。

其次，市场竞争激烈还可能导致行业内的一些公司面临财务困境。竞争激烈可能导致一些公司的市场份额减少，销售下降，难以维持稳定的盈利能力。这些公司可能陷入债务问题或面临资金紧缺，这可能导致其股票价格下跌。投资者可能会担心投资组合中包含这些受竞争影响较大的公司，因为它们的风险水平较高。

再次，竞争激烈的行业可能会受到监管和政策风险的影响。政府机构可能会采取措施来限制某些行业的竞争，或者对行业实施更严格的监管。这些政策变化可能会对行业的整体表现产生负面影响，从而导致股票价格下跌。投资者需要密切关注政策和监管环境，以评估其对投资组合的影响。

最后，投资者应该认识到，虽然竞争激烈的行业可能会导致股票整体价格下跌，但也可能存在投资机会。在市场竞争激烈的行业中，一些公司可能具有创新能力和竞争优势，能够在竞争中脱颖而出。因此，投资者需要进行深入的行业研究，以识别那些具有长期增长潜力的公司，以及它们是否适合其投资组合。

2. 影响相关行业

首先，市场竞争激烈可能会对相关行业的供应链和物流产生直接影响。当零售业竞争加剧，零售商可能会采取更频繁的补货和库存管理策略，以满足市场需求。这将对供应链和物流公司提出更高的要求，要求它们提供更快速、高效、可靠的服务。供应链和物流公司可能需要投资于技术和设施，以满足零售商的需求。因此，零售业的竞争激烈可能会导致供应链和物流公司的业务增长，但也可能增加其运营成本和压力。

其次，市场竞争激烈可能会对相关行业的广告和市场营销产生影响。在竞争激烈的行业中，企业可能会增加广告和市场营销活动，以吸引更多客户。这可能导致广告业、市场研究公司和广告代理商等行业的需求增加。然而，竞争也可能导致广告费用上升，企业需要更多的市场资源来脱颖而出。因此，市场竞争激烈可能会对广告和市场营销产生混合影响，这取决于行业内的竞争程度和企业的市场策略。

再次，市场竞争激烈可能会对相关行业的人才市场产生影响。竞争激烈的行业通常需要吸引和留住高素质的人才，以保持竞争优势。这可能导致相关行业的人才市场紧张，高需求可能会推高薪酬水平。同时，企业可能会加大对员工培训和发展的投资，以提高其竞争力。因此，市场竞争激烈可能会对相关行业的人力资源管理产生深远影响。

最后，市场竞争激烈可能会促使相关行业进行创新。企业为了在竞争中脱颖而出，可能会不断寻求创新的产品、服务和技术。这将对研发和创新相关的行业产生积极影响，如科技公司、研究机构和创业公司。这些行业可能会受益于企业对创新的投资，同时需要满足企业不断提高的创新需求。

3. 宏观经济因素

首先，宏观经济因素对市场竞争产生的影响之一是市场周期的变化。在宏观经济繁荣期，市场竞争通常较为激烈，因为企业更有信心扩大业务，争夺市场份额。这可能导致价格竞争升级，企业增加广告和促销活动，以吸引更多客户。然而，在宏观经济衰退期间，企业可能面临销售下滑和盈利下降的挑战，竞争更加激烈，企业争夺有限的市场份额，导致市场竞争进一步加剧。

其次，宏观经济因素还可以影响市场竞争的行业结构。在宏观经济不景气期间，一些企业可能面临财务困境，导致市场出现整并购浪潮。这可能会改变行业内的竞争格局，使市场更加集中，导致垄断或寡头垄断现象。相反，在宏观经济繁荣期间，新的企业可能会涌现，增加市场竞争程度。

再次，宏观经济因素还可以影响市场需求和消费者行为。在宏观经济繁荣期间，消费者的信心通常较高，他们更愿意购买高端产品和服务。这可能会导致市场竞争在高端市场领域激烈化。然而，在宏观经济不景气期间，消费者可能更加谨慎，更注重价格和价值。这可能会导致市场竞争在低价位市场领域升级，企业争夺有限的成本敏感客户。

最后，宏观经济因素还可以影响企业的战略和决策。在宏观经济不景气期间，企业可能会采取成本削减和效率提高的策略，以维持盈利能力。这可能包括减少广告支出、裁员和缩减项目。相反，在宏观经济繁荣期间，企业可能会增加市场营销投资，扩大生产能力，并寻求增长机会。

三、投资组合优化和风险收益权衡

投资组合优化是一种投资策略,旨在最大化投资组合的预期收益,同时控制风险。这个过程涉及选择不同资产或投资工具,并分配资金以创建一个投资组合,以便在给定风险水平下获得最大的预期回报。风险和回报是投资组合优化的关键考虑因素。

以下是投资组合优化和风险收益权衡的一些关键要点。

(一)分配资金

分配资金是投资组合优化的重要一步。一旦投资者选择了不同的资产类别,他们需要决定在每个类别中分配资金的比例,以达到其投资目标。这一决策通常需要依赖于数学模型和统计方法,以最大化预期回报或满足其他特定的投资需求。

首先,投资者可以使用现代投资组合理论(Modern Portfolio Theory,简称MPT)来帮助确定资金分配。MPT认为,投资者可以通过分散投资于不同的资产类别来实现预期回报的最大化,同时控制风险。这一理论依赖于资产之间的协同关系,即它们的回报不完全相关。通过构建有效边界线,投资者可以找到在给定风险水平下获得最大回报的资产分配。

其次,投资者需要考虑自身的风险偏好和投资期限。不同的投资者可能对风险有不同的容忍度,因此他们的资产分配可能会有所不同。一些投资者可能更愿意承担高风险以追求更高的回报,而另一些投资者可能更偏好较低的风险,愿意接受较低的回报。此外,投资期限也是一个重要因素。长期投资者通常可以承受更多的风险,因为他们有更多的时间来应对市场波动。

再次,投资者还可以考虑特定的投资目标和约束条件。例如,如果投资者的主要目标是实现退休储蓄,他们可能会采用较为保守的资产分配策略,以确保资本的保值和增值。另外,如果他们有更高的短期回报需求,可能会更加权衡地分配到较高风险的资产类别。

最后,投资者需要定期审查和调整资产分配,以适应市场情况的变化和投资目标的变化。市场波动和不断变化的经济条件可能导致资产的价值发生变化,因此需要不断监控投资组合的表现,并根据需要进行再平衡。

(二)收益预期

1. 历史数据分析

要估计不同资产类别的预期回报,投资者通常会首先考虑历史数据。他们会研究过去几年甚至更长时间内各个资产类别的平均年度回报率。这种方法的优点是它基于实际市场表现，可以提供有关资产的过去表现的信息。

然而，历史数据也有其局限性。市场条件会随着时间而变化，过去的表现不一定代表未来的回报。因此，投资者需要谨慎地将历史数据用于预测。

2. 基本分析

基本分析涉及对特定资产的基本面进行深入研究，以确定其未来回报的潜力。例如，在股票投资中，基本分析可以包括研究公司的财务健康状况、盈利能力、行业地位和未来增长预期。在债券投资中，基本分析可能涉及评估债券发行者的信用风险和还款能力。

基本分析的优势在于它提供了对资产未来表现的深入理解，而不仅是过去的表现。然而，它也需要更多的研究和分析，可能不适用于所有类型的资产。

3. 技术分析

技术分析是一种通过研究资产的价格图表和市场交易量来预测未来价格走势的方法。技术分析不关心资产的基本面，而是专注价格和市场行为。

技术分析的支持者认为，市场价格反映了所有相关信息，因此可以通过分析价格图表来发现未来的趋势。这种方法对于短期交易和市场情绪的捕捉可能特别有用。

然而，技术分析也有其批评者，他们认为它没有提供足够的基本信息，不能长期预测资产的表现。

总之，投资者通常需要综合考虑多种方法和数据源来估计不同资产类别的预期回报。这包括历史数据分析、基本分析和技术分析等方法。同时，他们也需要谨慎对待这些估计，认识到市场风险和不确定性可能导致实际回报与预期不符。因此，多元化投资和定期审查资产配置策略是管理投资组合的关键。

（三）风险收益权衡

首先，风险与回报之间的权衡是投资组合管理中的核心挑战。风险代表着投资损失的潜在可能性，而回报代表着投资的收益。投资者需要仔细考虑这两个因素，以确保其投资策略符合其风险偏好和财务目标。

其次，投资者的风险偏好是影响权衡的重要因素之一。不同的投资者对风险有不同的容忍度。一些投资者可能寻求高回报，愿意承担较高的风险；而另一些投资者可能更加保守，更注重资本保护。因此，投资组合管理需要根据投资者的风险偏好来调整资产配置。

再次，回报与风险之间存在着紧密的关系。通常情况下，较高的回报往往伴随着较高的风险，而较低的风险通常伴随着较低的回报。这被称为风险回报权衡。投资者需要根据其财务目标和时间表，确定是否愿意承担额外的风险以追求更高的回报，或者更倾向于保守的资产配置以降低风险。

最后,投资组合优化需要考虑时间因素。投资者通常需要确定其投资的时间范围,以确定何时需要资金。长期投资者可能更愿意承担短期风险,因为他们有更多的时间来恢复潜在的损失,而短期投资者可能更注重资本保护。

(四)定期监控和重新平衡

投资组合优化不是一次性的决策,而是需要定期监控和重新平衡的过程。市场条件和投资目标可能会发生变化,因此需要定期评估和调整投资组合。

1. 定期监控

首先,市场状况分析。投资者应该定期进行市场状况分析,以了解当前的经济和市场环境。这包括以下方面:第一,不同资产类别的表现。投资者需要关注不同资产类别(如股票、债券、房地产等)的表现。不同资产类别在不同市场条件下可能表现出不同的动态。例如,在经济增长期间,股票市场通常表现良好,而在经济衰退期间,债券市场可能更为稳定。第二,投资者应关注宏观经济因素,如通货膨胀率、利率水平、失业率等。这些因素对市场表现和资产价格均产生重大影响。

其次,资产表现追踪。监控投资组合中每个资产的表现至关重要,以确保它们与投资目标保持一致。这包括以下方面:第一,回报率。投资者需要了解每个资产的回报率,包括过去的表现和当前的表现。这有助于确定哪些资产在实现投资目标时会表现良好。第二,风险评估。除了回报率,投资者还应评估每个资产的风险水平。这可以通过标准差、波动性等风险指标来衡量。如果某个资产的风险较高,投资者可能需要重新评估其在投资组合中的分配。

最后,风险评估。定期评估投资组合的整体风险水平至关重要,以确保它与投资者的风险承受能力一致。以下是相关方面:第一,风险分散。投资者需要确保投资组合中的风险得到适当分散。如果某个资产类别的权重过高,可能会增加整体风险。重新平衡可以用来调整权重,以降低不必要的风险。第二,风险管理策略。投资者还应考虑采用风险管理策略,如止损订单或期权保护,以降低投资组合的风险。这些策略可以在市场出现不利情况时提供保护。

2. 重新平衡策略

首先,资产分配调整。资产分配是投资组合中不同资产类别的权重分配。重新平衡资产分配是确保投资组合与投资者的目标配置一致的关键步骤。在资产分配调整中,投资者可以考虑以下策略:第一,卖出超配资产。如果某个资产类别在市场上表现出色,其权重可能会超过目标分配。在这种情况下,投资者可以考虑卖出一部分资产,以减少其权重,将资金重新分配到其他资产类别。第二,相反,如果某个资产类别表现较差，其权重可能低于目标分配。投资者可以考虑增持低配资产，以重新平衡投资组合。

其次，税务优化。重新平衡投资组合时，投资者需要考虑税务因素，以最大限度地减少潜在的税务影响。以下是一些税务优化策略：第一，长期资本利得优惠。投资者可以优先卖出持有期较长、享受长期资本利得税率优惠的资产，以减少税务负担。第二，税损抵扣。如果某些资产造成亏损，投资者可以考虑出售这些亏损资产，以抵消其他资产的资本利得税。

最后，新资产引入。市场不断演变，可能会出现新的投资机会或资产类别。重新平衡时，投资者可以考虑引入新的资产来增加多样性和提供新的增长潜力。以下是一些策略：第一，市场调查和研究。投资者可以进行市场调查和研究，以确定新的投资机会。这可能涉及了解新兴行业、技术趋势或地理市场。第二，投资产品。投资者可以考虑购买新的投资产品，如新兴市场基金、创新科技股票等。这些产品可以提供不同的风险回报特性，有助于投资组合的多样性。

3. 定期评估和调整频率

（1）定期评估频率

首先，定期评估和重新平衡投资组合的频率应该根据投资者的风险承受能力和投资目标而定。不同的投资者有不同的风险偏好，有些可能更愿意承受短期的市场波动，而有些则更倾向于稳定的投资回报。因此，投资者需要根据其自身情况来确定评估频率。

其次，投资者可以选择每季度、半年或每年定期进行评估。每季度的评估频率可能适用于那些更积极的投资者，他们愿意更频繁地监控其投资组合，并根据市场变化做出相应的调整。这种频率可以使投资者更及时地捕捉到市场机会或风险。

其次，半年度的评估频率可能适用于那些希望在更长时间跨度内观察投资组合表现的投资者。这种频率可以减少频繁调整投资组合所带来的成本和情感压力，同时保持一定程度的监控。

最后，每年的评估频率可能适用于那些更保守的投资者，他们希望将投资组合视为长期投资，更关注长期回报而不是短期市场波动。这种频率下，投资者可以更多地专注于他们的长期财务目标，而不是频繁的调整投资组合。

（2）事件驱动调整

首先，事件驱动调整是投资组合管理中的一项关键策略，旨在及时应对重大市场事件或经济变化。这种类型的调整通常不受固定的时间表限制，而是依赖于特定事件的发生或特定情况的变化。

其次，事件驱动调整的频率和性质取决于事件的重要性和潜在影响。例如，如果出现全球性金融危机或大规模自然灾害，投资者可能需要迅速采取行动，以保护其投资组合免受潜在的损失。在这种情况下，事件驱动调整可能需要更频繁，甚至可能是每日或每周的操作。

再次，事件驱动调整还可以根据宏观经济因素的变化进行。例如，如果国家的货币政策发生重大变化，可能会对股市、债券市场和外汇市场产生广泛影响。投资者可能需要根据这些变化来重新评估其投资组合，并进行相应的调整。

最后，事件驱动调整还可以涉及公司层面的事件，例如公司的盈利预警、领导层变动或竞争对手的战略举措。这些事件可能会对特定行业或公司的股价产生显著影响，需要投资者密切关注，并在必要时采取行动，以充分利用或减少潜在的风险。

（3）与专业顾问合作

对于不确定如何进行定期监控和重新平衡的投资者，与专业投资顾问合作是一个明智的选择。专业顾问可以根据市场经验和专业知识提供有针对性的建议。

首先，与专业投资顾问合作可以使其提供更全面的投资战略和建议。专业顾问通常拥有广泛的市场知识和投资经验，能够帮助投资者理解当前市场趋势和潜在机会。他们可以根据投资者的目标和风险承受能力，量身定制投资策略，确保投资组合的有效管理。

其次，专业投资顾问可以提供更深入的研究和分析。他们通常拥有专业的研究团队，可以对不同资产类别和行业进行详细分析，以确定哪些投资具有潜力。这种深度分析有助于投资者更好地理解市场动态，并做出明智的决策。

再次，专业投资顾问可以帮助投资者规划长期投资策略。他们可以根据投资者的目标，制定长期投资计划，并根据市场情况进行调整。这有助于投资者更好地应对市场波动和不确定性，保持对长期目标的专注。

最后，投资者与专业顾问合作还可以提供更好的情感支持。投资决策通常受到情感和情绪的影响，而专业顾问可以提供客观的建议，帮助投资者在市场波动时保持冷静和理性。这有助于避免情绪驱动的投资决策，从而减少潜在的风险。

第八章 结论与政策建议

第一节 研究结论总结

在本研究中,我们探讨了市场竞争对股票市场表现的影响,并研究了股票投资组合构建、风险分散策略、市场地位与市值效应、产品创新、营销策略等多个因素之间的关联。以下是我们的主要研究结论总结:

第一,市场竞争与股票市场表现之间存在显著的相关性。竞争激烈的行业可能会导致整个行业的股票价格下跌,而较少竞争的行业则可能表现更好。

第二,股票投资组合的构建和资产分配是投资成功的关键。多样性和风险分散策略有助于降低特定行业或公司风险,提高长期绩效。

第三,市值效应与市场竞争策略相关,公司的市场地位可以影响其股票的表现。具有领先地位的公司可能会获得更高的市值。

第四,产品创新和营销策略对股票市场表现有积极影响。公司通过不断创新产品和品牌形象,可以吸引更多客户并获得市场份额。

第五,长期投资策略通常会带来更稳定的回报,投资者应该注重长期绩效而不是短期波动。

第二节 对投资者的建议

基于我们的研究结论,为投资者提出以下建议:

一、长期投资

长期投资在成功的投资组合中扮演着至关重要的角色。无论是个人投资者还是机构投资者,都应该明确自己的长期财务目标,并根据这些目标来制定相应的投资策略。

第一，投资者需要明确自己的长期财务目标。这些目标可以包括但不限于退休计划、子女教育基金、购房计划等。每个人的目标可能不同，因此投资策略也会因人而异。例如，一个年轻的投资者可能会更侧重于长期增值，而一个即将退休的投资者可能更关注资本保值和稳定的收益。

第二，长期投资的时间跨度通常以多年甚至几十年计算，而不是短期。这种长期视野使投资者能够更好地应对市场的波动和不确定性。短期内市场可能会经历剧烈波动，但长期来看，市场通常有望实现增长。

第三，长期投资还有助于降低短期市场波动对投资组合的影响。在短期内，市场可能受到各种因素的影响，如经济衰退、政治事件、自然灾害等，这可能导致股市的大幅波动。然而，随着时间的推移，这些短期波动通常会平稳下来，市场会回归到长期趋势。

第四，定期定额投资是一种常见的长期投资策略。它涉及在固定的时间间隔内（如每月或每季度）投资相同的金额。这有助于分散市场波动，因为当价格低时投资者会购买更多的股票或基金份额，而在价格高时购买较少的份额。这种策略也有助于消除市场择时的风险，因为投资者不需要预测市场何时会最佳。

第五，长期投资的一个主要优势是它提供了更大的长期回报潜力。虽然短期内可能会出现波动，但历史数据表明，股市和其他投资在长期内通常会实现增值。通过长期持有投资，投资者有机会受益于这种增值，并积累更多的财富以实现其长期财务目标。

总而言之，长期投资是一个建立成功投资组合的关键因素。通过明确财务目标、采用长期视野、有效管理风险、定期定额投资以及充分了解市场，投资者可以更好地实现其长期财务目标并取得更大的投资成功。长期投资的策略可能因个人情况而异，但它通常有助于降低短期市场波动的影响，提高长期回报的潜力。

二、研究和分析

投资是一项涉及风险和回报的活动，而研究和分析则是降低风险、提高回报的关键因素之一。在投资之前进行充分的市场和公司研究分析至关重要。

第一，投资者应该了解所投资行业的竞争情况。这包括分析行业内的主要参与者，了解市场份额分布以及评估不同公司之间的竞争力。研究行业的竞争情况可以帮助投资者确定哪些公司具有更好的竞争地位和增长潜力。

第二，投资者还需要密切关注市场趋势。这包括市场的整体表现、未来的发展趋势以及潜在的市场机会和威胁。市场趋势的分析有助于投资者作出更明智地配置资产的决策。

第三，对于特定公司的投资，投资者应该深入研究该公司的市场地位。这包括评估公司的产品或服务在市场上的地位、市场份额、品牌价值以及竞争优势。了解公司的市场地位有助于投资者判断其未来的增长潜力。

第四，在研究和分析中，投资者需要对公司的财务状况详细地进行评估。这包括查看公司的财务报表、利润和损失情况、现金流量以及财务比率。通过分析公司的财务状况，投资者可以确定其健康程度和稳定性，进而判断投资的风险水平。

第五，公司的管理团队也是投资分析的关键因素之一。投资者应该研究公司管理团队的经验、领导能力以及对公司未来发展的愿景。一个强大的管理团队通常能够更好地应对市场挑战和机会。

第六，投资者应该努力识别公司的竞争优势。这可能包括专利技术、独特的产品或服务、强大的品牌、成本效益等。公司的竞争优势通常可以帮助其在市场上取得持续的竞争优势，并实现稳定的增长。

第七，投资者需要将所有的研究和分析结果综合考虑，以评估投资的风险和回报。这涉及权衡投资潜力和潜在的风险，以确定是否值得进行投资。

第三节　对企业管理者和政策制定者的建议

我们还为企业管理者和政策制定者提出以下建议：

一、创新和营销

（一）鼓励创新

政策制定者可以通过提供研发和创新支持，鼓励企业不断创新产品和服务。创新可以帮助企业保持竞争优势并满足市场需求。

1.提供研发和创新支持

政策制定者在鼓励创新方面可以采取多种措施，其中之一是提供研发和创新支持。这种支持可以通过以下方式实现：

首先，政府可以提供财政激励措施，如税收减免和研发补贴，以降低企业的研发成本。这种财政激励可以鼓励企业投资于创新活动，开发新的产品和技术，从而提高其市场竞争力。

其次，政府可以设立创新基金，用于支持初创企业和创新项目。这些基金可以提供资金和资源，帮助新兴企业克服资金短缺问题，加速产品开发和市场推广。

再次，政府还可以与高等教育机构和研究机构合作，建立研发中心和技术孵化器，为企业提供创新生态系统。这些中心可以为企业提供技术支持、研发设施和专业知识，促进创新的发展。

最后，政府可以鼓励知识共享和合作，以加速企业创新的过程。政策制定者可以建立创新网络和平台，将不同领域的企业、研究机构和政府部门连接起来，促进知识传播和技术交流。

通过提供研发和创新支持，政策制定者可以为企业创造有利环境，鼓励它们不断探索新的市场机会和竞争优势。这将有助于提高经济的创新水平，推动产业升级和可持续发展。政府的支持可以激发企业的创新潜力，为市场竞争带来新的动力。

2. 创新是经济增长的关键

创新被广泛认为是经济增长的关键驱动因素之一。在全球化和数字化时代，创新不仅是企业的竞争优势，还是国家和地区的竞争优势。政策制定者应该认识到创新对于经济繁荣的不可或缺性，因此需要采取积极的措施来促进创新活动。

首先，政府可以制定创新政策，明确支持创新的战略目标和方向。这包括鼓励企业加大研发投入，推动新技术的开发和应用，以及促进创新生态系统的建设。

其次，政府可以提供资金支持，用于资助创新项目和初创企业。这可以通过设立创新基金、科技创投和创业孵化器等方式来实现。资金支持可以帮助创新者克服资金瓶颈，将创新想法转化为市场竞争力。

再次，政府还可以推动教育和人才培养，以培养创新型人才。创新需要具备跨学科知识和创造性思维的人才，政府可以支持高等教育机构和研究中心的创新教育项目，培养未来的创新领袖。

最后，政府可以促进知识共享和技术转移，以加速创新的传播和采纳。这可以通过建立技术孵化器、研发中心和创新网络来实现。政府还可以鼓励企业与研究机构、高等教育机构合作，共同开展研发项目，加速技术的商业化和市场应用。

总之，政策制定者在鼓励创新方面扮演着关键角色。通过提供研发和创新支持、制定创新政策、提供资金支持、推动教育和人才培养、促进知识共享和技术转移等措施，政府可以创造有利于创新的环境，推动经济增长和市场竞争力的提升。

（二）支持市场营销

政策制定者可以提供培训和资源，帮助企业制定有效的市场营销策略。市场营销的差异化可以帮助企业更好地传达其价值主张并吸引更多的客户。

1. 提供市场营销培训

政策制定者可以通过提供市场营销培训来支持企业的市场营销活动。这种培训可以包括以下内容：

首先，政府可以设立市场营销培训课程，面向企业家和市场营销从业者。这些课程可以涵盖市场营销的基本原理、策略制定、市场研究方法、消费者行为分析等内容。培训课程可以提供实用的市场营销工具和技巧，帮助企业更好地规划和执行市场营销策略。

其次，政府可以提供市场营销资源和工具，供企业使用。这包括市场研究数据、竞争情报、市场分析工具等。政府可以建立市场信息平台，为企业提供及时的市场信息和数据支持，帮助他们更好地了解市场趋势和竞争格局。

最后，政府还可以鼓励企业参加市场营销培训和研讨会。这些培训和研讨会可以提供与其他企业家和市场专家的互动机会，以促进经验交流和最佳实践分享。企业可以学习他人的成功案例和经验，改进自己的市场营销策略。

2. 市场营销差异化策略

政策制定者可以鼓励企业采用市场营销差异化策略，以满足不同客户群体的需求并提高市场竞争力。这种策略可以通过以下方式实现：

首先，政府可以提供奖励措施，鼓励企业进行市场细分和客户群体分析。企业可以识别不同的市场细分，了解不同客户群体的需求和偏好。政府可以为企业提供奖励，鼓励它们开展市场细分和客户调研，为差异化市场营销提供有力支持。

其次，政府可以鼓励企业开展创新和产品差异化。企业可以不断改进现有产品，或者开发新的产品线，以满足不同客户群体的需求。政府可以提供研发资金和知识产权保护，鼓励企业进行产品创新。

再次，政府还可以指导企业制定广告和宣传政策，鼓励企业进行差异化的市场宣传。政府可以提供广告费用补贴或奖励，以支持企业开展差异化的广告和宣传活动。这可以帮助企业更好地传达其差异化价值主张，吸引更多的客户。

最后，政府可以鼓励企业开展国际市场差异化营销。政府可以提供国际市场拓展的支持，包括国际市场调研、出口培训和贸易促进活动。这可以帮助企业在国际市场上推广差异化产品和服务，扩大外贸市场份额。

通过提供市场营销培训和支持市场营销差异化策略，政策制定者可以帮助企业更好地应对竞争，提高市场份额和盈利能力。这将有助于企业实现可持续发展，并为经济增长和就业创造更多机会。

二、公司治理和战略变化

（一）加强公司治理

企业管理团队应该关注公司治理的重要性。透明度、问责制和投资者信任是维持市场稳定的关键。政策制定者可以推动建设加强公司治理的法规和标准。

1. 透明度和信息披露

透明度是公司治理的核心要素之一。政策制定者可以制定法规，要求上市公司定期向投资者和监管机构提供透明的财务报告和信息披露。这些报告应包括财务状况、经营绩效、风险因素、重要交易和公司治理实践等信息。此外，政府可以督导企业采用国际会计准则，以提高财务报告的国际可比性。

政府还可以要求公司建立有效的内部控制和风险管理体系，以确保财务报告的准确性和可靠性。内部审计和独立审计委员会的设立可以帮助监督公司的内部控制和合规性。

此外，政府可以鼓励企业开展可持续性报告，揭示其社会责任和环境可持续性实践。可持续性报告可以帮助企业建立良好的企业形象，吸引投资者和消费者。

2. 问责制和董事会独立性

政策制定者可以推动建立有效的公司问责制，确保公司高管和董事会对其决策和行为担负责任。这可以通过以下方式实现：

首先，政府可以规定公司董事会应具有独立性，包括独立董事的任命和角色明确。独立董事可以监督公司管理层的行为，确保公司利益得到保护。

其次，政府可以要求公司建立董事会委员会，如薪酬委员会、审计委员会和提名委员会。这些委员会可以负责董事会的不同职能，加强对公司管理层的监督。

最后，政府可以规定公司高管的薪酬与其绩效挂钩，并要求公司披露高管薪酬的细节。这可以确保高管对公司的长期绩效担负责任，防止短期利益导致不当行为。

3. 投资者保护和股东权益

政策制定者应加强对投资者的保护，以维护市场的信任和稳定。政府可以规定公司建立投资者关系部门，负责沟通和回应对投资者的关切。此外，政府可以规定公司开展投资者教育活动，提高投资者的金融素养，使其更好地理解投资风险和机会。

政府还可以鼓励机构投资者参与公司治理，推动股东权益的行使。机构投资者可以对公司提出合理的建议和要求，促使公司管理层更加负责任。

另外，政府可以建立投资者保护基金，用于赔偿因公司不当行为而受到损害的投资者。这可以增强投资者对市场的信心,吸引更多资金投入市场。

通过推动建设加强公司治理法规和标准,政策制定者可以确保市场的公平性、透明性和稳定性。这有助于提高投资者的信任,吸引更多投资,促进经济的发展和企业的可持续成功。同时,加强公司治理也有助于防止不当行为和公司内部腐败,维护市场的正常运行。

(二)审慎战略变化

企业在制定战略变化时应该进行充分的风险评估和市场分析。政策制定者可以制定政策,要求企业在战略变化前进行透明的风险披露,以减少市场波动。

1. 风险评估

企业在考虑战略变化时,应首先对潜在风险进行全面评估。这包括内部和外部风险因素的分析。内部风险可能涉及组织架构的变化、人力资源管理和技术实施等方面。外部风险可能包括市场竞争、经济环境和法规变化等因素。

政策制定者可以制定法规,要求企业在战略变化前提交详细的风险评估报告。这些报告应包括对各种风险因素的分析和可能的风险缓解措施。透明的风险评估有助于投资者和市场更好地理解公司的决策,减少市场的不确定性。

2. 市场分析

企业还应进行深入地市场分析,以确定由于市场变化而制定的战略内容。这包括市场趋势、竞争格局、客户需求和潜在增长机会的研究。通过了解市场动态,企业可以更好地调整其战略,以满足市场需求。

政策制定者可以要求企业提交市场分析报告,包括市场研究数据、竞争分析和市场机会的评估。这些报告可以帮助监管机构更好地了解市场情况,监控市场竞争的公平性,并了解投资者更多的信息。

3. 风险披露

政策制定者可以要求企业在战略变化前进行透明的风险披露。这包括将风险评估和市场分析的结果提供给投资者和监管机构。透明的披露有助于市场更好地理解企业的决策过程,并使投资者能够及时做出明智的投资选择。

此外,政府可以制定法规,要求公司在战略变化后进行定期的风险和市场报告。这有助于监控战略变化的影响,并确保公司按照计划执行战略,减少市场波动。

通过进行充分的风险评估和市场分析,企业可以更好地应对战略变化可能带来的风险,同时政策制定者的监管措施可以确保市场的透明性和稳定性。这有助于维护市场的正常运行,保护投资者的权益,促进经济的发展。

三、政策支持

（一）支持创新政策

政策制定者可以制定支持创新的政策，例如提供研发税收激励、知识产权保护和技术合作计划。这些政策可以鼓励企业投资于创新，从而提高市场竞争力。

1. 减少研发支出税负

政府可以制定政策，减少企业进行研发活动时所需支付的税负。这可以通过减少研发支出的应税额度或降低相关税率来实现。这种政策措施有助于企业减少研发成本，从而鼓励更多的研发活动。

首先，减少研发支出的应税额度。政府可以通过减少企业研发支出的应税额度来降低其税负。这可以通过以下方式实现：第一，提高研发支出的免税额度。政府可以提高企业能够免税的研发支出额度。这意味着企业可以在计算应纳税所得时从其研发支出中扣除更多的金额，从而减少应缴的所得税。第二，引入研发税收抵免。政府可以引入研发税收抵免政策，允许企业将其研发支出用作抵免其应交税款的资金。这种政策措施可以降低企业的税负，为研发活动提供资金支持。第三，减少研发支出的折旧期限。政府可以缩短企业研发支出的折旧期限，使其更快地享受税收优惠。这会鼓励企业更积极地进行研发活动，因为他们能够更快地获得相关税收减免。

其次，降低相关税率。政府还可以通过降低与研发支出相关的税率来减少企业的税负。以下是几种可能的方式：第一，降低研发支出的企业所得税率。政府可以降低企业针对与研发支出相关的利润所需支付的企业所得税率。这可以直接降低企业的税负，鼓励更多的研发投资。第二，减少资本利得税率。政府可以降低与资本利得相关的税率，包括与出售研发相关资产所产生的资本利得。这会鼓励企业出售研发相关资产以获取资金，用于进一步的研发活动。

通过以上政策措施，政府可以有效地减少企业进行研发活动时的税负，鼓励更多的企业积极投入到创新和研发中，从而提高国家的创新能力和市场竞争力。这有助于促进经济增长和就业机会的创造，使国家在国际经济市场中更具竞争力。

2. 提供研发税收抵免

政府还可以允许企业将其研发支出用作税收抵免。这意味着企业可以将其研发支出从应纳税所得中扣除，从而减少应交税款。这种政策措施可以降低企业的税负，提供额外的资金用于研发活动。

首先，建立研发支出的免税额度。政府可以建立研发支出的免税额度，允许企业将其研发支出从应纳税所得中扣除。这可以通过以下方式实现：第一，确定研发支出的可免税比例。政府可以确定企业研发支出的可免税比例，例如，允许企业将其研发支出的50%从应纳税所得中扣除。这将降低企业的纳税基数，减少应缴的所得税。第二，设立研发支出的上限。政府可以设立研发支出上限，以确保只有符合标准的研发活动才能获得税收抵免。这可以防止某些想要借机获利的企业滥用该政策，同时鼓励高质量的研发活动。第三，支持小型企业。政府可以特别支持小型企业，允许它们在研发支出上享受更大的免税额度。这有助于促进中小型企业的创新和竞争力。

其次，建立研发支出的抵免机制。政府还可以建立研发支出的税收抵免机制，使企业能够将其研发支出用作抵免其应缴税款的资金。以下是几种可能的方式：第一，提供研发税收抵免抵扣表。政府可以提供研发税收抵免抵扣表，让企业明确了解如何将其研发支出用于抵免税款。这将帮助企业更好地管理其税务事务。第二，设立研发税收抵免计划。政府可以设立专门的研发税收抵免计划，允许企业将其研发支出用于抵免未来的税款。这可以提供更大的财务弹性，鼓励企业增加研发投资。第三，支持创新项目。政府可以设立研发支出的抵免机制，特别支持符合创新标准的项目。这有助于推动更有前景的创新项目，提高市场竞争力。

3. 知识产权保护

（1）强化建设知识产权法律和法规

政府可以首先强化建设知识产权法律和法规，以提高知识产权的保护水平。以下是一些可能的措施：

第一，加强知识产权执法。政府可以加大知识产权侵权行为的打击力度，通过对侵权者进行起诉和处罚，来维护创新者的权益。这可以通过建立专门的知识产权法庭或执法机构来实现。

第二，提高知识产权登记和保护的便捷性。政府可以简化知识产权的登记流程，降低相关费用，并提供更便捷的知识产权保护服务。这将鼓励更多企业注册和保护其知识产权。

第三，制定严格的知识产权侵权惩罚政策。政府可以制定更严格的知识产权侵权惩罚政策，包括高额罚款和刑事处罚。这将对潜在侵权者产生威慑作用。

（2）鼓励知识产权的技术转让和合作

政府可以采取措施鼓励知识产权的技术转让和合作，以促进创新。以下是几种可能的方式：

第一，设立知识产权交易平台。政府可以建立知识产权交易平台，使企业能够更容易地出售、购买或许可使用知识产权。这将有助于知识产权的流动和共享。

第二，提供知识产权研发资金支持。政府可以提供资金支持，鼓励企业进行知识产权相关的研发活动。这可以包括研发补贴、创新基金或技术合作计划。

第三，促进大学和企业的合作。政府可以鼓励大学和企业之间进行合作，以推动研究成果的商业化。这可以通过提供研究资金、知识产权管理培训等方式实现。

（3）国际合作和知识产权保护

政府可以积极参与国际合作，加强知识产权的跨国保护。以下是一些可能的国际合作方式：

第一，加入国际知识产权组织。政府可以加入国际知识产权组织，如世界知识产权组织（WIPO），以参与全球知识产权保护体系，并与其他国家分享最佳实践。

第二，签署双边和多边知识产权协定。政府可以签署双边和多边知识产权协定，与其他国家建立知识产权保护的法律框架和合作机制。

（二）市场监管和透明度

政策制定者应强化市场监管机构，确保市场公平和透明。这可以通过制定监管框架、加强信息披露要求和打击市场操纵来实现。

1. 建立强有力的监管框架

政策制定者可以首先建立强有力的监管框架，以确保市场公平和透明。以下是一些可能的措施。

（1）制定严格的市场监管法律和法规

政策制定者可以采取措施，制定严格的市场监管法律和法规，以确保交易市场的公平和透明。这些法律和法规应明确规定市场参与者的行为规范，防止市场操纵、欺诈和不当交易行为。

首先，制定法律明文禁止内幕交易，并明确相关的处罚措施。内幕交易是一种不公平的交易行为，可能损害普通投资者的利益。

其次，规定上市公司必须按照披露标准公开财务信息、公司治理信息和关键经营指标。这有助于投资者更好地了解公司的状况并做出明智的投资决策。

最后，建立独立的市场监管机构，负责监督市场的运行和执行相关法律法规。这些监管机构应该具有足够的权威和资源来履行监管职责。

（2）建立独立的市场监管机构

政策制定者可以建立独立的市场监管机构，以确保监管的独立性和中立性。这将有助于防止政治干预和不当干预，保护市场的公平性。

首先，确保市场监管机构的独立性，避免政府部门直接干预监管事务。这可以通过法律明文规定监管机构的独立性和职责来实现。

其次，招聘具有专业知识和经验的人员来管理监管机构。这些人员应该具备相关领域的专业背景，能够有效地监管市场参与者的行为。

最后，确保监管机构的决策程序公开透明，允许市场参与者和公众监督监管活动。这有助于建立信任。

2. 加强信息披露要求

政策制定者可以采取措施，加强市场参与者的信息披露要求，以提高市场透明度。以下是一些可能的方式。

（1）要求上市公司定期披露财务信息

政策制定者可以要求上市公司定期披露财务信息。这是确保市场透明度的关键措施之一。政府可以规定上市公司必须按照一定的时间表和标准公开其财务报告、年度报告和季度报告。这些报告应包括公司的资产负债表、损益表、现金流量表以及与公司治理、风险因素和未来展望相关的信息。

（2）推动信息技术创新

政府可以积极推动信息技术的创新，以提高信息披露的效率和透明度。以下是一些可能的方式：

首先，政府可以资助或合作建立在线信息披露平台，允许上市公司在平台上发布财务报告和其他相关信息。这将使投资者能够轻松访问和比较不同公司的信息，提高市场透明度。

其次，政府可以鼓励信息技术企业开发应用程序，用于投资者获取和分析想要了解的财务信息。这些应用程序可以提供实时数据、图表和分析工具，帮助投资者更好地了解市场和公司的情况。

最后，政府可以与业界合作，制定数字化报告标准，以确保财务信息的一致性和易读性。这些标准可以促进数据的交互性和比较性，降低了解不同公司财务状况的难度。

3. 打击市场操纵

政策制定者可以采取措施，打击市场操纵行为，保护市场的公平性。以下是一些可能的措施。

（1）加强市场监控和监测

政府可以采取措施，加强对市场的监控和监测，以及时发现潜在的市场操纵行为。这是确保市场公平性和稳定性的重要一环。政府可以采用以下方式来实现这一目标。

首先，政府可以投资于先进的市场监控技术，包括高频交易监控系统、自动化交易异常检测工具等。这些技术可以帮助监管机构实时监测市场活动，识别异常行为。

其次，政府可以建立数据分析团队，利用大数据和人工智能技术来分析市场数据，识别潜在的市场操纵模式。同时，建立数学模型来检测异常交易行为，帮助监管机构更好地理解市场动态。

最后，政府可以与金融机构、交易所和市场参与者合作，建立信息共享机制。这有助于及时获取市场数据和交易信息，加强市场监控的有效性。

（2）设立举报渠道

政府可以设立举报渠道，鼓励市场参与者和公众向监管机构举报市场操纵行为。以下是一些可能的措施。

首先，政府可以建立一个匿名举报平台，让市场参与者和公众能够匿名举报涉嫌市场操纵的行为。这有助于保护举报者的安全和隐私。

其次，政府可以设立奖励制度，鼓励人们积极举报市场操纵行为。奖励可以是金钱奖励或其他奖励措施，以鼓励更多人参与监督市场。

最后，政府应确保举报者的合法权益得到保护，防止他们受到报复或打压。这可以通过法律措施和监管机构的介入来实现。

参考文献

[1] 张立民，李琰. 持续经营审计意见、公司治理和企业价值——基于财务困境公司的经验证据[J]. 审计与经济研究，2017，32(2):13-23.

[2] 张玲，朱婷婷. 税收征管、企业避税与企业投资效率[J]. 审计与经济研究，2015，30(2):83-92.

[3] 高利芳，张东旭. 营改增对企业税负的影响研究[J]. 税务研究，2019(7):89-95.

[4] 刘疏影. 管理者过度自信影响财务决策的案例分析——基于性格色彩学视角[J]. 财会通讯，2020(2):106-110.

[5] 韩忠雪，周婷婷. 产品市场竞争、融资约束与公司现金持有：基于中国制造业上市公司的实证分析[J]. 南开管理评论，2011，14(4):149-160.

[6] 沈克慧. 管理者过度自信与上市公司过度投资[J]. 企业经济，2013(10):54-57.

[7] 白云霞，邱穆青，李伟. 投融资期限错配及其制度解释——来自中美两国金融市场的比较[J]. 中国工业经济，2016(7):23-39.

[8] 邱穆青，白云霞. 官员访问与企业投融资期限错配[J]. 财经研究，2019，45(10):138-152.

[9] 陈晓辉，刘志远，隋敏，等. 最低工资与企业投融资期限错配[J]. 经济管理，2021，43(6):100-116.

[10] 何玉润，林慧婷，王茂林. 产品市场竞争、高管激励与企业创新——基于中国上市公司的经验证据[J]. 财贸经济，2015(2):125-135.

[11] 张杰，郑文平，翟福昕. 竞争如何影响创新：中国情景的新检验[J]. 中国工业经济，2014(11):56-68.

[12] 任宏达，王琨. 产品市场竞争与信息披露质量——基于上市公司年报文本分析的新证据[J]. 会计研究，2019(3):32-39.

[13] 黄继承，姜付秀. 产品市场竞争与资本结构调整速度[J]. 世界经济，2015，38(7):99-119.

[14] 王彦超，蒋亚含. 竞争政策与企业投资——基于《反垄断法》实施的准自然实验[J].

经济研究，2020，55(8):137-152.

[15] 王彦超，郭小敏，余应敏.反垄断与债务市场竞争中性[J].会计研究，2020(7):144-166.

[16] 马君潞，郭牧炫，李泽广.银行竞争、代理成本与借款期限结构——来自中国上市公司的经验证据[J].金融研究，2013(4):71-84.

[17] 刘晓光，刘元春.杠杆率、短债长用与企业表现[J].经济研究，2019，54(7):127-141.

[18] 马红，侯贵生，王元月.产融结合与我国企业投融资期限错配——基于上市公司经验数据的实证研究[J].南开管理评论，2018，21(3):46-53.

[19] 宁金辉，王敏.绿色债券能缓解企业"短融长投"吗？——来自债券市场的经验证据[J].证券市场导报，2021(9):48-59.

[20] 李琳，连怡臻.企业融资约束、盈余管理与投融资期限错配[J].会计之友，2019(14):113-120.

[21] 刘春燕，姚正海，苗连琦.产品市场竞争影响银行贷款契约研究综述与展望[J].财会月刊，2017(30):71-74.

[22] 黎来芳，叶宇航，孙健.市场竞争、负债融资与过度投资[J].中国软科学，2013(11):91-100.

[23] 顾雷雷，郭建鸾，王鸿宇.企业社会责任、融资约束与企业金融化[J].金融研究，2020(2):109-127.